DINERO,BITCOIN, CRIPTOMONEDAS y la BLOCKCHAIN

¿QUÉ ESTÁ SUCEDIENDO? UNA GUÍA PARA NO TECNÓLOGOS

J. M LACARTE

CONTENTS

J. M. Lacarte

1 ¿QUÉ SE ENTIENDE POR DINERO, MONEDA O DIVISA?

El dinero es algo "valioso", que todos reconocen y cuyo valor podemos hacer efectivo por otros bienes

1.1- El dinero tradicional, breve descripción de su racional y características

¿Es el dinero algo real?

Probablemente a muchos les parece si.

Podemos tocarlo, entendemos que nos conviene tenerlo, y su falta nos causa problemas reales. Cualquier persona es capaz de decir si tiene dinero o no, y cuanto tiene. Pensamos que un billete, una moneda, o una tarjeta, es dinero. Tenemos grabado en nuestra experiencia vital que el oro también lo es... o casi.

Pero también hemos visto cosas que nos parecen extrañas, como ciudadanos de países que ven que su dinero no vale para nada, a veces casi de un día para otro, o grandes cambios en lo que vale nuestro dinero al cambiarlo por el de otro país, o "corralitos" que impiden a los ciudadanos de algún estado, considerado fiable, sacar dinero para sus necesidades del día en un cajero automático o ATM.

De modo que, si reflexionamos sobre el asunto, nos damos cuenta de que el dinero es algo más conceptual que real, valga la expresión.

Pero es algo tan importante en las sociedades actuales - es el motor que mueve absolutamente todo, piensan algunos y no sin razón- que merece una atención preferente por parte de todos. Sobre todo en estos tiempos en los que han surgido con gran fuerza unos posibles sustitutivos del dinero tradicional -las criptomonedas- basadas en un sistema diferente:

-que cuestionan algunos principios de legitimidad que parecían inmutables

-que parece ser que van funcionando...

-que han hecho millonarios a algunos de un día para otro

-pero también han dejado cadáveres -y muchos insisten en que tienen gran peligro-

-y que para la mayoría parecen todavía más difíciles de entender que el dinero tradicional.

Veamos si es posible aclarar algo sobre todo esto, sin enredarnos demasiado en los detalles.

El dinero debe cumplir tres funciones básicas:

-Ser **medida de valor** (unidad de cuenta)

-Servir como instrumento de **intercambio y medio de pago**

-Ser **Reserva de riqueza**

La plata y el oro cumplen estas funciones porque tienen unas propiedades muy concretas: son bienes escasos, consistentes, de gran calidad y resistentes a la corrosión. Se entiende porqué estos metales, sobre todo el oro, han sido protagonistas siempre tratándose de dinero.

Reseña histórica

Desde que la aparición del dinero comenzó a sustituir al trueque de bienes y servicios, impulsando así el comercio de un modo radical, la naturaleza del dinero ha venido evolucionando a lo largo de la historia.

El oro y la plata fueron los metales sobre los que se acuñaron las monedas en la antigüedad. Pero el oro y la plata no eran muy manejables para grandes cantidades. De modo que a partir de la Edad Media se empezó a utilizar el dinero de papel, para facilitar estos grandes pagos. Ese papel estaba respaldado por cantidades concretas del metal precioso, es decir, respetaba un patrón oro. Es el llamado **"dinero representativo"**

El patrón oro es un sistema monetario respaldado por el oro. Con este sistema de "dinero representativo" el valor de cada unidad monetaria se establece en relación de una cantidad de oro concreta. Pueden ser monedas representativas de aleaciones baratas (un valor insignificante respecto a la cantidad de oro que representaban), o bien pueden ser billetes o algo similar (el coste del papel también es, obviamente, insignificante). De este modo quien emite la moneda garantiza que los billetes y monedas emitidos están respaldados por oro.

La equivalencia dinero-oro ha sido la base del sistema financiero internacional y la garantía del mismo desde el siglo XIX. Pero en la Primera Guerra Mundial algunos de los países participantes en la contienda imprimieron más dinero para financiar el esfuerzo bélico sin contar con el respaldo del metal precioso.

El 22 de de Junio de 1944, con las naciones europeas todavía en plena Segunda Guerra Mundial, y con absoluta primacía económica de los Estados Unidos, se acordó la adopción del dólar como moneda global. Fue en **Bretton Woods** (USA) en la conferencia monetaria y financiera de las Naciones Unidas al mismo tiempo que se acordaba la creación del Banco Mundial y del Fondo Monetario Internacional. Hasta ese momento la moneda estadounidense era **convertible legalmente en oro**, a razón de 35 dólares la onza.

En Bretton Woods Se creó un sistema **basado en el dólar**. El dólar era la "divisa de reserva". Equivalía al oro en una paridad determinada.

Al dinero de papel se le llamó **fiduciario**, del latín

"fidare", que significa "fiar" o "confiar". Obviamente estamos hablando del citado "dinero representativo". No eran monedas físicas de algún metal noble, pero el papel prometía la entrega de dichas monedas.

El patrón oro se mantuvo vigente en Estados Unidos hasta su **abolición, en 1971.** Desde ese momento, al dólar le sostuvo únicamente la confianza que hubiera depositada en él y en la economía estacounidense.

El dinero en la actualidad

Hoy por hoy ya no existe ni el "patrón oro" ni el "patrón dólar". Ahora los billetes y monedas en circulación de cada país están respaldadas por divisas y títulos en poder del Banco Central y también por los créditos que los Bancos Centrales conceden al Sistema Bancario.

Ya no existe el dinero fiduciario en el sentido original. No podemos ir al Banco Central Europeo (BCE) y pedir que nos entregue una moneda o fracción de oro o plata a cambio de unos billetes de euros. El BCE no tiene un metal precioso para respaldar el dinero que ha impreso y puesto en circulación.

Ese dinero fiduciario fue sustituido hace 47 años por **dinero FIAT**, del latín "fiat", que significa "que así sea". Se le llama así porque existe por decreto, por orden de la autoridad que gobierna.

Cada país tiene su propia moneda FIAT, y su valor es proporcionado por el Gobierno o la regulación específica de cada país. En lugar de estar respaldado por algún activo tangible, como el oro, **su respaldo es legal**.

Por tanto, en la actualidad el valor de un billete o moneda es el valor que le da un determinado Gobierno. Si el Gobierno decidiese hacer circular un papel que tuviese estampado la cifra de 1.000 euros, ese sería su valor y, por tanto, podríamos adquirir bienes que tuviesen un valor de 1.000 euros o menos.

En realidad, no solo de trata de que confiemos en esa moneda como medio de intercambio, sino que **todos estamos obligados a utilizarla**. En bastantes países se impone el uso de una sola moneda, la moneda de "curso forzoso", ya que no es posible utilizar otra o su uso está muy restringido. En otros países existen leyes de "curso legal", que permiten el uso de esa moneda pero sin imposición como tal.

De hecho, aunque no hubiese leyes de curso forzoso, todos los ciudadanos estarían interesados en utilizar la moneda de curso legal en cada país. De este modo las monedas de curso legal acaban siendo utilizadas, de forma generalizada, como medio de pago, aunque no se imponga formalmente. Si los bancos centrales fracasaran en esta tarea, este dinero FIAT perdería su aceptación general como medio de pago y su atractivo como depósito de valor

El dinero FIAT actual se basa, por tanto, **en la legalidad**.

Pero su valor respecto de otras divisas (dinero FIAT de otros países) depende de la confianza en la economía del país que lo emite, o grupo de países, como en el caso del Euro.

Solamente los gobiernos, a través de sus bancos centrales, pueden emitir dinero FIAT, pero los bancos lo pueden crear a través de préstamos. Si alguien quiere pedir un préstamo, por ejemplo, de 1.000 euros, el banco los puede crear "de la nada", en determinadas condiciones. Los bancos también crean dinero haciendo préstamos respaldados por activos como una casa. Crean el dinero y lo prestan, cobrando intereses.

El dinero FIAT vale como moneda de intercambio en el comercio. El dinero actual es una medida de valor, un instrumento de intercambio y un medio de pago, pero no sirve como **reserva de riqueza**, o lo hace sometida a riesgos, dada la fluctuación del valor al que están sometidas la mayoría de las divisas.

Puesto que su respaldo es legal, los gobiernos y bancos centrales ponen en marcha políticas y actuaciones concretas destinadas a preservar la estabilidad de sus monedas y a garantizar su aceptación generalizada como medio de pago. Son quienes las emiten y quienes "las imponen" de alguna manera, así que deben gobernar su legitimidad y la eficacia de su pretendido valor como dinero en sí. A veces tienen éxito en su tarea. Pero a veces no tanto, dando lugar a crisis y desequilibrios que afectan a la moneda de un país, o de un grupo de países.

Cuando los agentes económicos no confían en la moneda de su país y las expectativas son de un deterioro acelerado de la situación se puede producir un proceso de fuga. En estos procesos las empresas e individuos pretenden liquidar lo más rápido posible sus tenencias en moneda local para protegerse de la pérdida de valor de las mismas. Esto puede suceder por muchas causas, en las que no entraremos demasiado en este trabajo, que son motivo de controversia entre diferentes escuelas de economía y también entre todo tipo de "opinadores".

"La máquina de hacer billetes" es como se denomina coloquialmente a las actuaciones de los bancos centrales que consisten en emitir grandes sumas de dinero para financiar el gasto público. Estas políticas son muy controvertidas pues cuando los bienes producidos son los que son y el dinero en circulación aumenta bruscamente, esté en manos de quien esté, lo normal es que los precios se disparen, es decir, se genere inflación (en algunos casos tremenda). En teoría, el gasto público debe financiarse básicamente con las contribuciones de los agentes económicos, es decir, con los impuestos, que serán más importantes y estables cuanto más robusta y dinámica sea la economía del país. Financiar el gasto público "emitiendo billetes", sin más no suele ser buena idea (hay matizaciones sobre este particular que exceden del propósito de este libro).

Se puede entrar en una espiral destructiva si además las expectativas negativas y la falta de confianza se mezclan con un proceso inflacionario formando un círculo vicioso. En estas situaciones, el impacto sobre los niveles de precios es difícil de predecir o controlar. Una vez que la confianza está rota recuperarla suele demandar modificaciones en el marco institucional y político de un país, además de esfuerzos económicos de gran magnitud.

De modo que la cuestión de gobernar el valor de una moneda, o divisa, no es tan sencillo. La moneda puede perder valor muy fácilmente si el Gobierno no lleva a cabo las políticas adecuadas para mantenerlo.

La destrucción total del valor de una divisa con procesos hiperinflacionarios, con todo el desastre que ello supone para quienes viven en torno a esa divisa, ha sucedido bastantes veces en algunos países (Argentina, Venezuela, Nicaragua, Bolivia , Zimbabwe, Sudán del Sur, República del Congo, Libia, Burundi, o también Alemania a principios de los años 20 tras la primera guerra mundial (hiperinflación de Weimar), o Hungría tras la segunda guerra mundial, o Yugoslavia en 1992 antes de su escisión.

1.2- ¿Sería todo más fácil si el dinero volviese a ser algo físico?

Se ha cuestionado la naturaleza inmaterial del dinero

por no tener nada físico como respaldo. En contraposición al "fiat money", han inventado el concepto de "commodity money" (bienes físicos que se usan como dinero). Pero en verdad estamos ante algo que nos da la falsa ilusión de que ese dinero teórico, el "commodity money", es dinero real.

Algunos llevan esta idea al extremo utilitarista apartando su interés de los tradicionales oro y plata, y centrándose en materias primas útiles para algo. Estos argumentan que si usamos por ejemplo trigo, o granos de café, o de cacao, como dinero, en caso de que estas materias pierdan su valor como dinero, aún tendrán el valor como materia prima, para hacer pan, café o chocolate. Entonces eso nos da la idea de que estas materias primas se convierten en un valor que sirve de refugio frente a una eventual crisis, de modo que la idea de tener "commodity money" nos asegura un valor mínimo, el valor de esas materias primas. No es preciso comentar que estos planteamientos nos devuelven al sistema de trueque de la antigüedad.

Otros teóricos más moderados sostienen la idea del oro como "commodity money". Aseguran que el oro es "seguro" como "valor refugio". El oro tiene la ventaja de que no se oxida, es poco reactivo frente a otros materiales, no se descompone ni se degrada como sucede con otras materias primas, y no es fácil de producir. Parece el material ideal. Nos da la idea de que con dinero "commodity money", basado en el oro, quizá no habría crisis, porque no se puede "imprimir dinero", ni se puede acudir a la deuda... Sin embargo los defensores del oro como valor refugio seguro olvidan que la humanidad también ha pasado por eso.

El oro ya se usaba como "commodity money" hace algún tiempo. Por ejemplo en la España del siglo XVI, con el rey Felipe II. El país afrontó en la segunda mitad del siglo un derroche sin precedentes debido, fundamentalmente, a un gran número de contiendas bélicas. Y la urgencia en afrontar esos ingentes gastos no permitía esperar a que llegaran los galeones del nuevo mundo cargados de oro y plata. Así que se recurrió a la deuda. Para 1575 a situación fue insostenible y se llegó a un acuerdo con los acreedores para cambiar las devoluciones de deuda por rentas, o fuentes de ingreso, por periodos de hasta 70 años. De esta manera, aunque llegaban enormes cantidades de dinero (oro y plata) a España, había crisis y el país parecía pobre.

Fue tal la cantidad de dinero que se extrajo de las minas de América (el equivalente actual a imprimir dinero) para comprar la misma cantidad de bienes, que lo único que ocurrió fue que todo subió de precio (inflación), o dicho de otra forma, el oro se devaluó.

España comenzó a tener los precios más altos de Europa gracias a la inflación y había que comprar los bienes en el exterior. De ese modo, el dinero (oro y plata) que venía de América terminó en manos de extranjeros, casi siempre prestamistas alemanes, pero también productores de bienes.

Es que se creía que el oro (hoy llamado dinero), era sinónimo de riqueza. La riqueza ni es oro ni es dinero, pues el dinero se usa para comprar riqueza, y si la riqueza no se produce al mismo ritmo que el dinero, el dinero pierde valor.

En 1575 se pensaba que el oro era seguro. En 1929 las acciones eran seguras. En 2008 las casas eran seguras. Y hoy hay quienes piensan que el oro es seguro. El oro tampoco es dinero "real" porque **el dinero es un concepto**, y el oro es tan buen "portador" como el papel.

1.3- El dinero virtual

El dinero digital es, en general, cualquier medio de intercambio monetario que se haga por un medio electrónico. Cuando se hace una transferencia de dinero desde una cuenta de un banco a otra o cuando se paga con tarjeta de crédito en un restaurante, se está usando dinero digital.

Es decir, siempre que se realice un pago o envío de dinero sin intercambiar físicamente monedas o billetes, se está usando dinero digital. **Prácticamente todo el dinero del mundo es digital,** ya que el efectivo solo representa aproximadamente el 8% del dinero en circulación.

Por tanto cuando alguien se refiere a dinero digital debería estar hablando, simplemente, de dinero. El dinero del día a día es digital. Pagamos el suministro eléctrico, o el agua, o el colegio de los niños con dinero digital. La gran mayoría de los asalariados del mundo cobra y paga en dinero digital. El dinero digital es dinero.

El hecho de que un billete o moneda tenga un valor facial nos da la idea engañosa de que tiene un valor fijo. En realidad ese billete es un portador. De nuevo el carácter físico de monedas y billetes nos da la idea engañosa de que se trata de "dinero real". Una tarjeta de crédito tampoco es dinero, sino otro portador. Basta que te llegues al tope de la tarjeta, o que desactiven la tarjeta, para que no puedas usar la tarjeta para comprar.

Con la llegada del dinero electrónico, que los economistas han llamado "cuasidinero", el carácter conceptual del dinero se pone de relieve. ¿Qué es el dinero? ¿Acaso unos bits en una base de datos de un disco duro del banco?.

¿Y si alguien roba el disco duro del banco, está robando el dinero de las cuentas? No. ¿Será entonces el dinero un número en una pantalla? Tampoco.

¿Será una variación de voltaje en un cable? En realidad toda la red del entramado bancario es otra gran billetera, llena de dinero imaginario, **dinero digital.**

Ahora bien, a veces se habla de **moneda virtual**. El dinero virtual es aquel que no existe más que en su formato digital. Por ejemplo, en muchos videojuegos existe internamente una divisa con la que se pueden comprar objetos. Este dinero que se usa dentro del juego es virtual.

Por definición, las monedas virtuales son todas digitales. Como no existen físicamente, no hay papel moneda de las mismas, tienen que ser 100% digitales. Por tanto todas las monedas virtuales son digitales, pero no todas las digitales son virtuales (un ejemplo es una cuenta bancaria en euros, es digital pero no virtual).

Una moneda virtual o dinero virtual ha sido definido en 2012 por el Banco Central Europeo como "un tipo de dinero digital no regulado, el cual es emitido y generalmente controlado por sus desarrolladores, y usado y aceptado entre los miembros de una determinada comunidad virtual."

El dinero digital y virtual llevan décadas entre nosotros, pero las **criptomonedas** son más recientes. Las criptomonedas, como Bitcoin, son un tipo de moneda virtual que no tienen un emisor concreto, **no tienen un control centralizado**, sino que está distribuido y basado en criptografía para evitar la manipulación de alguno de sus miembros.

2 APARICIÓN DE LAS "CRIPTOS" EN 2009

Comenzó con Bitcoin... nadie sabía nada de ella, pero se abrió camino. Y surgieron los millonarios "de la nada". Pero hay mucho más que una sorprendente "lotería"

Las criptomonedas son **monedas virtuales**. Pueden ser intercambiadas y operadas como cualquier otra divisa tradicional, pero están **fuera del control de los gobiernos e instituciones financieras.**

Existe un gran número de criptodivisas disponibles, más de 1.500 a Julio de 2018, todas con sus propias características y aplicaciones. Cada semana se crea alguna nueva divisa virtual en un proceso que se denomina ICO y que más adelante resumiremos.

Las que tienen mayor capitalización de mercado son, al menos por ahora, una minoría. Entre estas pocas a la cabeza de la capitalización (las que más valen según el mercado) pueden citarse: bitcoin, ether, bitcoin cash, litecoin, ripple, y dash.

Comenzaremos, a continuación, por exponer las principales características de BITCOIN y ETHEREUM, las más importantes. Una vez entendidos los fundamentos de estas dos, sobre todo de la primera, puede comprenderse la mayoría del resto puesto que existen muchas similitudes.

2.1-El pionero y más importante: BITCOIN. Nacimiento, características y funcionamiento

Comenzaremos con la pregunta más básica:

¿Qué es el Bitcoin?

Bitcoin es una red consensuada que permite un nuevo sistema de pago y una moneda completamente digital.

Es la primera red entre pares (directamente entre "usuarios" de la red) de **pago descentralizado** promovido y fomentado por sus usuarios **sin una autoridad central** o intermediarios. Desde un punto de vista de los usuarios, Bitcoin es como dinero para Internet.

El Sistema incluye un proceso de creación de unidades monetarias (bitcoins) que pueden adquirirse, guardarse o venderse, y también pagar, y ser pagado por la compra de bienes y servicios con ellas. Más adelante volveremos sobre este proceso de creación de las "monedas". Bitcoin es, en efecto, una moneda virtual e intangible. Es una criptodivisa.

Toda la red bitcoin funciona basándose en la llamada "La cadena de bloques" o "blockchain", que es una contabilidad pública compartida. Todas las transacciones confirmadas se incluyen en la cadena de bloques. De esta manera los monederos Bitcoin pueden calcular su saldo gastable y las nuevas transacciones pueden ser verificadas, asegurando a quien realiza el pago que el cobro se esta haciendo. La integridad y el orden cronológico de la cadena de bloques se hacen cumplir con criptografía.

Una transacción es una transferencia de valores entre monederos Bitcoin que será incluida en la cadena de bloques. Los monederos Bitcoin disponen de un fragmento secreto llamado clave privada, utilizada para firmar las operaciones, proporcionando una prueba matemática de que la transacción está hecha por el propietario del monedero. La firma también evita que la transacción no sea alterada por alguien una vez ésta ha sido emitida. Todas las transacciones son difundidas entre los usuarios y por lo general empiezan a ser **confirmadas** por la red en los 10 minutos siguientes, o menos, a través de un proceso llamado **minería.**

Transacciones descentralizadas basadas en Blockchain (cadena de bloques)

Por tanto: todo sucede de forma descentralizada y no

existe una autoridad central. Más adelante abundaremos sobre estos conceptos clave.

¿Quién creó Bitcoin?

La primera puesta en marcha, mediante la especificación del protocolo Bitcoin y la prueba del concepto la publicó Satoshi Nakamoto en el 2009. Satoshi abandonó el proyecto a finales de 2010 en el anonimato, pues el citado nombre es un seudónimo. Desde entonces, la comunidad ha crecido de forma exponencial y cuenta con numerosos desarrolladores que trabajan en el protocolo Bitcoin.

Satoshi Nakamoto sigue en el anonimato. Pero dejó diseñado el **código abierto** en el que se basa Bitcoin. El protocolo Bitcoin y su software se publican abiertamente y cualquier programador en cualquier lugar del mundo puede revisarlo o crear su propia versión modificada del software. Al igual que los programadores actuales, la influencia de Satoshi se ha limitado a que los cambios que hizo los adoptaran los demás, y por tanto él no controlaba Bitcoin. Así, conocer la identidad del inventor del Bitcoin es igual de relevante que saber quién inventó el papel.

Satoshi diseñó un sistema de certificación de la posesión y de las transacciones de una nueva moneda. Pensó que, al igual que ahora hacen el Sistema Financiero y los gobiernos, se podía hacer esto mismo basándose en la seguridad que permiten las matemáticas y la criptografía basada en éstas.

El Sistema que ideó proponía unas reglas de juego concretas para su funcionamiento. Partió de que el valor primigenio de un sistema monetario es la seguridad en certificar la posesión y las transacciones. De este modo ideó un sistema de recompensa para quien aportara solidez en certificar esto de forma segura. Estos que aportan la seguridad deben ir resolviendo complejos cálculos continuamente, dotando así de solidez al proceso. Reciben una recompensa por su trabajo y se les llama "mineros", en analogía con quienes extraen oro en las minas.

Quién controla la red Bitcoin?

De la misma manera que nadie controla la tecnología detrás del correo electrónico, Bitcoin tampoco tiene propietarios. Bitcoin lo controlan todos los usuarios de Bitcoin del mundo. Aunque los programadores mejoran el software, no pueden forzar un cambio en el protocolo de Bitcoin porque todos los demás usuarios son libres de elegir el software y la versión que quieran. Para que sigan siendo compatibles entre sí, todos los usuarios necesitan utilizar software que cumpla con las mismas reglas. Bitcoin sólo puede funcionar correctamente si hay consenso entre todos los usuarios. Por lo tanto, todos los usuarios y programadores tienen un gran aliciente en lograr y proteger dicho consenso. Este proceso se coordina, a través de la fundación Bitcoin, pero son los programadores (y mineros) quienes deciden el estándar y las mejoras a incorporar. Todas las criptomonedas tienen un sistema de consenso u otro, dado el gran aliciente que supone la existencia de un estándar de compatibilidad.

¿Cómo funciona Bitcoin?

Desde la perspectiva del usuario, Bitcoin no es más que una aplicación móvil o de ordenador (PC) que provee un "monedero" Bitcoin personal, y permite al usuario enviar y recibir bitcoins con el, o mantenerlos guardados en dicho monedero. **Todo con unos niveles de seguridad criptográfica sin precedentes.** Así es como funciona Bitcoin para la mayoría de los usuarios.

Cualquiera puede procesar una transacción usando el suficiente potencia computacional de hardware especializado, y conseguir una recompensa en Bitcoins por este servicio. Esto es comúnmente llamado "mining" o minería. Se trata de un trabajo importantísimo pues permite hablar de seguridad en la verificación de las transacciones, además de anonimato.

Como funciona Bitcoin (y en general las criptomonedas)

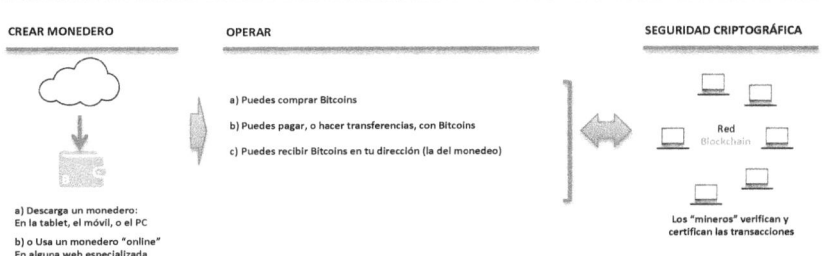

La minería: Creación de bitcoins y verificación segura de las transacciones

Los nuevos bitcoins son generados por un proceso competitivo y descentralizado llamado "minería". La minería es el proceso por el cual se recompensa a aquellos usuarios que forman parte de la red, mediante el software necesario, y que validan y determinan el orden de las transacciones ocurridas desde el último bloque minado.

Para confirmar las transacciones, deberán ser empaquetadas en un bloque que se ajuste a estrictas normas de cifrado y que será verificado por la red. Estas normas impiden que cualquier bloque anterior se modifique, ya que hacerlo invalidaría todos los bloques siguientes. Hace cumplir un orden cronológico en la cadena de bloques, protege la neutralidad de la red y permite un acuerdo entre todos los equipos sobre el estado del sistema.

El proceso de minería también impide que cualquier persona pueda fácilmente añadir nuevos bloques consecutivamente en la cadena de bloques. De esta manera, ninguna persona puede controlar lo que está incluido en la cadena de bloques o reemplazar partes de la cadena de bloques para revertir sus propios gastos.

Este sistema se basa en que estos individuos, los mineros, son premiados por la red por sus servicios. Los mineros de Bitcoin **procesan las transacciones y aseguran la red** y recogen nuevos bitcoins creados, a cambio de este servicio. Para ello utilizan equipos de "hardware" muy potente y especializado.

El protocolo Bitcoin está diseñado de manera que los nuevos bitcoins se crean con un ritmo fijado, y con un máximo para el futuro. Esto hace que la minería de bitcoin sea un negocio muy competitivo. Cuanto más mineros acceden a la red, incrementa la dificultad para obtener beneficios y los mineros deben buscar la mayor eficiencia para reducir sus costes operativos. Ninguna autoridad central o desarrollador tiene el poder de controlar o manipular el sistema para incrementar sus beneficios. Cada nodo Bitcoin que hay en el mundo rechazará automáticamente todo lo que no se ajuste a las normas que se esperan del sistema a seguir.

Los bitcoins se crean a velocidad predecible y decreciente. El numero de bitcoins creados cada año se reduce a la mitad de forma automática a lo largo del tiempo hasta que la emisión de bitcoin se detenga por completo al llegar a los **21 millones de bitcoins**. Llegados a este punto, probablemente los mineros de bitcoin serán mantenidos exclusivamente por las numerosas y pequeñas tasas de transacciones (quien resuelve un bloque no sólo recibe nuevos bitcoins creados, sino que también recibe pequeñas tasas por las transacciones. Estas comisiones son variables – sometidas también a un proceso competitivo- y muy bajas para el usuario, pero en el futuro es de esperar que, en su conjunto sean significativas)

Cuestiones más técnicas: evitar el problema del "doble gasto" *El lector no interesado puede saltar este epígrafe*

El protocolo Bitcoin se compone de 4 tecnologías:

- Una **red** entre pares **distribuida** (el protocolo bitcoin)
- Un **libro contable público** (la cadena de bloques, o "blockchain")
- Un **sistema de emisión** de moneda (minería distribuida): distribuido, matemático y determinístico
- Un **sistema descentralizado de verificación** de transacciones (script de transacciones)

En la red de nodos, en puntos de todo el mundo pueden recibir las transacciones en diferente orden, lo que es normal debido a las latencias en la red.

¿Cómo se define el orden "real" de llegada de las transacciones, eliminando las distorsiones propias del funcionamiento de la red?. La minería se puede entender como el esfuerzo computacional de la red para determinar "qué versión de la historia es la correcta". Este proceso de minería determina quien define el orden de transacciones. Así resuelve el **problema del doble gasto** por el cual una misma unidad de moneda puede gastarse dos veces. A este esfuerzo computacional se le denomina **Prueba de Trabajo** o Proof of Work (PoW).

Los algoritmos de consenso son una generalización de la Prueba de Trabajo . Permiten a una red descentralizada llegar a un consenso acerca del estado y orden de llegada de las transacciones. La Prueba de Trabajo fue la mayor innovación introducida por Bitcoin como mecanismo de sincronización en entornos distribuidos y solventar el problema del doble gasto.

La Prueba de Trabajo fue el primer algoritmo de consenso, gracias a Bitcoin, que consigue resolver con éxito el problema del doble gasto. Pero "Ethereum" (que veremos más adelante) está en el proceso de migración del algoritmo de Prueba de Trabajo al algoritmo de **Prueba de Participación** o Proof of Stake (PoS), lo que entre otras cosas permite ser más eficiente en el consumo de energía de los mineros, cuestión nada trivial.

¿Lo utiliza realmente la gente?

Sí. Existe un número creciente de negocios e individuos

usando Bitcoin. Esto incluye negocios tradicionales como restaurantes, casas, bufetes de abogados y servicios de Internet populares como Namecheap, Wordpress, Reddit y Flattr. Aunque Bitcoin sigue siendo un fenómeno relativamente nuevo, esta creciendo rápido. A fecha de Julio de 2018, el valor de todos los bitcoins en circulación superaba los 100 mil millones de dólares y cada día se intercambiaban el equivalente miles de millones de dólares en bitcoins.

2.2-El segundo va más allá: ETHEREUM. Nacimiento, características y funcionamiento

Aunque se tiende a identificar de manera instantánea como una moneda virtual, lo cierto es que, en primer lugar, Ethereum es una plataforma. El nombre de la moneda originalmente siempre ha sico **Ether**, aunque en la actualidad se utilicen ambos nombres de manera indistinta debido a la popularización de la misma.

Vitalik Buterin es el joven de origen ruso que fundó el Ethereum, cuyo proyecto empezó a finales de 2014. Buterin fue un sobresaliente alumno en el campo de la informática, tanto es así que en el año 2012 consiguió la medalla de bronce en las olimpiadas internacionales de la informática.

Aunque consiguió entrar en la universidad, abandonó los estudios en el 2014 por el recibimiento de una beca que le permitió trabajar a tiempo completo con el

Bitcoin; formación que le permitió en ese mismo año crear su propia criptomoneda, el Ether.

En lugar de competir con Bitcoin como muchas otras criptomonedas, Ethereum lo complementa. Y es que Ethereum no es una simple criptomoneda. Se trata de un sistema operativo que permite a los usuarios crear aplicaciones basadas en monedas virtuales que pueden ir más allá de su simple uso financiero.

La plataforma Ethereum es un Sistema con diversas funcionalidades

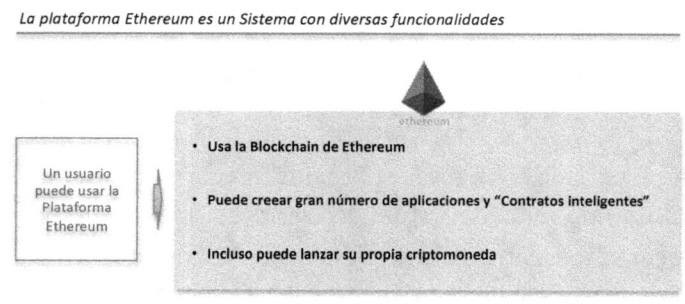

La utilidad y finalidad que subyace bajo la creación del Ethereum son los **contratos inteligentes** ("Smart contracts"), que no son sino una manera de garantizar, de manera segura y sin la intervención de terceros, el cumplimiento de un acuerdo.

Ethereum es una plataforma que se encarga de ejecutar lo prescrito y pactado cuando se cumplan las condiciones para ello. En términos muy generales, sería como establecer un programa ejecutor para que, cuando ocurra un determinado factor: "X", entonces se lleve a cabo una acción fijada: "Y".

Los contratos inteligentes **se ejecutan en una red distribuida y no en un servidor central,** lo que los hace son inmutables (no hay posibilidad de modificarlos ni falsificarlos) y seguros. Como están programados para ejecutarse automáticamente y cumplir tareas, los smart contracts no necesitan de intervención directa de un intermediario, ni están sujetos a la interpretación de alguna de las partes: "si tiene lugar el evento A, la consecuencia B se pondrá en marcha de forma automática".

Las aplicaciones son innumerables, por ejemplo, podemos desarrollar un "smart contract" que gestione los derechos de autor del fondo de un banco de imágenes. Cada vez que un medio, o quien sea, use una de las imágenes para alguna de sus noticias se realizará un micropago de los "Ethers" estipulados.

Otro ejemplo podemos verlo en logística. Una cadena de suministro de paquetería suele ser larga e incluye varios nodos críticos o enlaces. En cada uno de estos puntos de enlace se requiere obtener una confirmación del nodo anterior, mantener la finalidad del contrato y enviar la información "aguas abajo" hacia el otro enlace. Lleva mucho tiempo y es improductivo, mientras que con un contrato inteligente cada participante puede ver el progreso y hacer el trabajo a tiempo. Los contratos inteligentes garantizan la transparencia en los términos del contrato, la inmediatez en el estado de ejecución, y la seguridad. Una red de reparto de paquetería puede parecer poco complicada, pero hay cadenas logísticas en diversas industrias que requieren infinidad de acciones en cada nodo (comprobaciones, mediciones, análisis, etc). Cuanto más complejos sean los procesos y mayor su necesidad de integración en tiempo real, más útil puede resultar la aplicación de un sistema de contratos inteligentes.

Diferencias entre el Bitcoin y el Ether

-No existe límite de Ether, a diferencia del Bitcoin que tendrá un máximo de 21 millones de unidades.

-Recompensa fija de 5 Ether por la minería, mientras que en el caso del Bitcoin se reduce a la mitad por cada 210.000 bloques minados.

-El tiempo de las transacciones de los Ether es mucho más rápido que el de los Bitcoins, con la posibilidad de ejecutar operaciones en cuestiones de segundos en vez de minutos.

-Contratos inteligentes integrados en la misma plataforma de Ethereum sin necesidad de ningún software externo.

Características de Bitcoin
• Lanzada en 2009
• Moneda/ símbolo: **Bitcoin/ BTC**
• Banco emisor: No tiene. Totalmente descentralizada
• Ámbito: Internacional
• Cotización : Flotante 100% libre y sujeta a oferta y demanda
• **17,1** millones de unidades en circulación (Julio 2008)
• Capitalización bursátil de unos **106.000** millones de USD
• Número total de Bitcoins: Máximo 21 millones. Se estima se generaría el 99% del total para 2031

Características de Ethereun
• Lanzada en 2015
• Solo un ejemplo de un circuito más amplio de aplicaciones
• Moneda/ símbolo: **Ether/ ETH**
• Banco emisor: No tiene. Totalmente descentralizada
• Ámbito: Internacional
• Cotización: Flotante 100% libre y sujeta a oferta y demanda
• **100,7** millones de unidades en circulación (Julio 2008)
• Capitalización bursátil de unos **43.000** millones de USD
• Número total de Ethers: Hay oferta **ilimitada** (18 millones/ año)

BITCOIN y ETHER son las dos criptomonedas más importantes. Entre las dos acaparan el grueso de capitalización del total de criptomonedas, y también son destacados líderes en volumen de transacciones

Capitalización de mercado de principales criptodivisas
28 Julio 2018
Coinmarketcap.com

USD ▾   ← Volver a losiMejores 100(/es/)

Criptomonedas ▾   Lista de seguimiento(/es/watchlist/)

#	Nombre	Símbolo	Cap. de Mercado	Precio
1	Bitcoin(/es/currencies/bitcoin/)	BTC	$140.280.615.825	$8.167,05(/es/currencies/bitcoin/#markets)
2	Ethereum(/es/currencies/ethereum/)	ETH	$47.013.432.559	$465.59(/es/currencies/ethereum/#markets)
3	XRP(/es/currencies/ripple/)	XRP	$17.766.403.522	$0,451891(/es/currencies/ripple/#markets)
4	Bitcoin Cash(/es/currencies/bitcoin-cash/)	BCH	$14.047.712.952	$813,80(/es/currencies/bitcoin-cash/#markets)
5	EOS(/es/currencies/eos/)	EOS	$7.405.152.099	$8,26(/es/currencies/eos/#markets)
6	Stellar(/es/currencies/stellar/)	XLM	$5.874.562.712	$0,313019(/es/currencies/stellar/#markets)
7	Litecoin(/es/currencies/litecoin/)	LTC	$4.792.173.602	$83,19(/es/currencies/litecoin/#markets)
8	Cardano(/es/currencies/cardano/)	ADA	$4.218.412.158	$0,162703(/es/currencies/cardano/#markets)
9	IOTA(/es/currencies/iota/)	MIOTA	$2.809.910.549	$1,01(/es/currencies/iota/#markets)
10	Tether(/es/currencies/tether/)	USDT	$2.504.181.920	$0,998800(/es/currencies/tether/#markets)
11	TRON(/es/currencies/tron/)	TRX	$2.388.901.337	$0,036335(/es/currencies/tron/#markets)

diarias.

A continuación se exponen algunas breves reseñas de otras criptomonedas ("altcoins") de relevancia

•Litecoin

Si Bitcoin fuera oro, Litecoin sería plata. Litecoin es una criptomoneda que permite realizar pagos instantáneos y de costo casi cero a cualquier parte del mundo. La ventaja de Litecoin es que provee tiempos de confirmación de transacción más rápidos que cualquier otra. Es un red súper simple para aquellos que necesitan mover pequeñas cantidades de dinero rápidamente.

•Ripple

Mientras que otras criptomonedas evitan los bancos, Ripple se creó para el sistema bancario ya que les permite pagos globales más rápidos y a menor coste. En el sistema habitual, las transacciones trasfronterizas requieren un intermediario (y a veces varios) entre los bancos, lo que retrasa su finalización. Ripple ofrece una alternativa más rápida y directa. Por ejemplo, si un cliente de un banco en España quiere enviar un pago a un cliente de un banco en China, Ripple consulta inmediatamente a ambos bancos por sus honorarios de transacción y hace la transferencia en cuestión de minutos.

Ripple fue fundada y respaldada por Ripple Labs, una compañía que maneja de forma exclusiva el código y la emisión de criptoactivos de esta plataforma, a diferencia de otras blockchain que son de código abierto; manteniendo ellos mismos las criptomonedas ya emitidas, cerca de 60 billones de Ripple, según cálculos.

La compañía busca prestar su plataforma para que las entidades bancarias realicen transacciones rápidamente, contradiciendo así, de alguna manera, el ideal que muchas otras criptomonedas proponen. Entidades como UBS, Santander, SBI y American Express ya han manifestado su respaldo a esta plataforma, y también aplicaciones de pago como MoneyGram, lo que la ha dotado de cierta credibilidad en los círculos financieros, aunque también podría permitir a estas instituciones participar del gran mercado de criptoactivos directamente.

Ripple no es una criptomoneda minable. Sus nodos son administrados tanto por Ripple Labs como por las instituciones bancarias y financieras que participan de ella, lo que ha sido objeto de críticas por no ser, aparentemente, tan descentralizada como en teoría debería ser una criptomoneda. Incluso se ha llegado a alegar que Ripple no es una blockchain, sino un procesador de pagos interbancarios. Sin embargo, la ficha de esta red mantiene un desempeño notable en los mercados especulativos y, claramente, el soporte brindado por instituciones de todo tipo podría establecerla como una red legítima y confiable.

•Dash

Aunque Dash se puede utilizar para transacciones entre consumidores, se pensó para un uso diario, para ir de compras. Podríamos pensar en Dash como un sustituto de PayPal. Muchos establecimientos aceptan Dash igual que si utilizaran la moneda en curso legal del país, pero la transacción es más rápida. No tienes que esperar un día o dos para ver el cargo del pago en tu cuenta.

Otra de sus ventajas es que te permite mantener la privacidad de tus finanzas de forma similar al efectivo.

•Zcash

Si deseas maximizar la confidencialidad, esta criptomoneda es la tuya. De hecho, se la identifica como la primera criptomoneda de "conocimiento cero" por su capacidad de proteger las identidades de todos, tanto de los remitentes como de los receptores e incluso el monto de todas las transacciones que realizamos en su blockchain.

Otra de sus diferencias fundamentales entre la mayoría de las criptomonedas es la manera en la que se organiza. Como el Bitcoin y todas las basadas en él, su código es abierto, aunque no es administrado como una comunidad igual que la mayoría, sino que Zcash es una empresa. Y eso hace el producto atractivo para los inversores.

•Monero

Monero es otra excelente opción para aquellos preocupados por su privacidad. Esta moneda fue creada para dar a los usuarios individuales un control total sobre su dinero. Con Monero, tú eres tu propio banco. Las transacciones son tan transparentes como tú decidas, ya que el usuario será quien decida quién puede y quién no puede ver dónde va el dinero.

Monero es una de las pocas criptomonedas que no se han creado a partir de la tecnología de Bitcoin. En concreto, se levantó sobre el protocolo CryptoNote, un sistema de cifrado que hace que las transacciones no estén firmadas por una sola persona, sino por varias a la vez. Lo que hace es mezclar todos los moneros de todas aquellas personas que hagan transacciones de tal manera que sea imposible saber el origen de los fondos y cuál es el destino

2.3-Reflexiones sobre el proceso de adopción de Bitcoin

Todo el mundo habla de Bitcoin. Nada mejor que la aparición de millonarios "como de la nada" para captar la atención masiva del público.

Ciertamente hemos asistido a un "Boom" en el valor del Bitcoin (y otras criptodivisas). Durante años después de su creación podía adquirirse un bitcoin por unos céntimos de dólar, y no sin dificultad técnica. A finales del pasado 2017, un bitcoin se cambiaba por más de 18.000 dólares.

Si un joven informático hubiese tenido la idea de adquirir 20 dólares en bitcoins como regalo de navidad para su hijo pequeño el 24 de Diciembre de 2010 (fecha en que los bitcoins eran desconocidos por todo el mundo, salvo por iniciados en las tecnologías) hubiese podido adquirir 80 bitcoins pues entonces cotizaba a 0,25 dólares.

Parecía un precio carísimo pues en los 4 meses desde que iniciara una cotización significativa, tras algo más de un año de vida, su precio ya se había multiplicado casi por 4.

A finales de 2017 el joven informático estaría ocupado en buscar entre sus registros electrónicos aquellos 80 bitcoins, que le habían costado **20 dólares** y que casi había olvidado, pues entonces valían más de **1.400.000** dólares.

Gráfico de historial del precio de Bitcoin

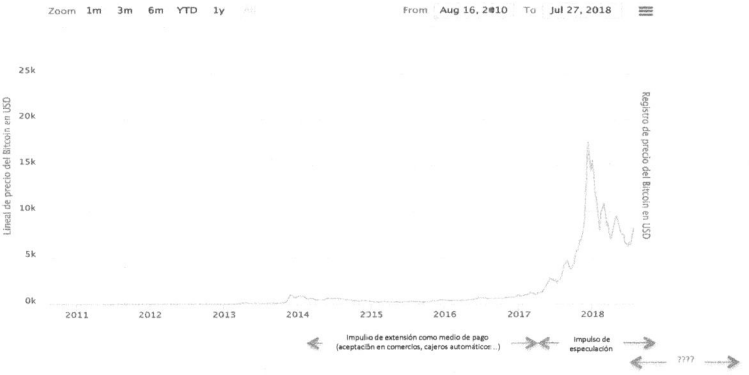

Nadie puede discutir que, en muy pocos años, el Bitcoin se ha abierto camino.

Se ha aceptado como medio de pago en miles de comercios por todo el mundo, comercios virtuales y físicos. Los cajeros automáticos donde sacar dólares, euros y otras contra tu saldo en bitcoins también han proliferado extraordinariamente.

Pero el fenómeno todavía alcanza a un pequeñísimo porcentaje de la población. Está, sin duda, en una fase inicial.

Pero la extraordinaria rapidez de su adopción ha conllevado, por la abrumadora demanda, una escalada

41

de su precio impresionante (algunos hablan de efecto "burbuja"). Esta explosión de los precios ha supuesto que los usuarios tradicionales y nuevos entrantes, se hayan concentrado en el bitcoin como reserva de valor, es decir, han adoptado una actitud especulativa generalizada.

En los meses de 2018, el bitcoin ha perdido más de la mitad de su valor máximo, cotizando sobre 6.500 dólares. Todavía es un gran precio, pero:

- ¿Seguirá cayendo dando la razón a quienes ven el fenómeno como una burbuja?
- ¿O se trata de una corrección, normal en estos caso de irrupción de nuevos paradigmas financieros, y su valor seguirá creciendo paralelamente a su imparable adopción masiva?.

En definitiva, ¿estamos ante un nuevo paradigma monetario y financiero que se abrirá camino de forma imparable?. En los siguientes capítulos trataremos de conocer algunas claves útiles para manejarse ante estas cuestiones.

3 LA CADENA DE BLOQUES (BLOCKCHAIN): LA TECNOLOGÍA QUE SOPORTA TODO EL FENÓMENO

Blockchain está siendo realmente disruptiva. Altísima seguridad, descentralización y anonimato en el manejo de información crítica afectará a todas las actividades humanas

3.1- ¿Qué es y por qué surge Blockchain?

Cuando Satoshi Nakamoto publicó el Libro Blanco de Bitcoin, muy probablemente no se esperó que otros proyectos comenzarían a utilizar la tecnología propuesta en dicho documento para desarrollar otros servicios y productos similares.

Blockchain es la tecnología que surge junto a Bitcoin con un espectro de posibilidades cada vez más amplio. Si bien Bitcoin fue planteado como un método de pago punto a punto, respaldado por una red de procesamiento descentralizada, se descubre años después que su tecnología puede servir para desarrollar no solo dinero virtual, sino **todo tipo de aplicaciones**. Se trata de la tecnología, o el sistema de codificación de la información, que está por detrás de la moneda virtual y que sustenta toda su estructura.

Pronto se vio el potencial que tenía por sí misma y la cantidad de aplicaciones que permite en otras áreas más allá de las transacciones financieras, como la administración pública o el Internet de las cosas.

Blockchain es una tecnología que permite la **transferencia de datos digitales con una codificación muy sofisticada** y de una manera **completamente segura.**

Para empezar digamos que **no existe una única blockchain.** Hay muchas cadenas de bloques. Tantas como queramos. Pueden estar interconectadas entre sí. Y pueden usarse para muchas cosas distintas. Para cualquier transacción, en realidad. Las hay de dos tipos: públicas y privadas (bueno, en realidad también las hay híbridas). Las públicas son, por ejemplo, sobre las que trabajan bitcoin (que fue la primera blockchain que hubo) o ethereum. Aquí puede entrar quien quiera. En las privadas solo pueden entrar quienes digan los propietarios. Y tienen usos concretos.

3.2- ¿En qué se basa y cómo está construida?

La cadena de bloques es un registro de todas las transacciones que tienen lugar "empaquetadas" en **bloques** que los **mineros** se encargan de verificar. Posteriormente serán incluidas en la **cadena** una vez validadas, y distribuidas a todos los **nodos** que forman la red.

Veamos cada uno de estos elementos con algún detalle:

•**Bloques**: Un bloque es un conjunto de transacciones e información adicional confirmadas. Se incluirán en la **cadena** de bloques.

Cada bloque que forma parte de la cadena (excepto el bloque generatriz, que inicia la cadena) está formado por:

-Un código alfanumérico que enlaza con el bloque anterior

-El "paquete" de transacciones que incluye (cuyo número viene determinado por diferentes factores)

-Otro código alfanumérico que enlazará con el siguiente bloque.

El bloque en progreso lo que intenta es averiguar con cálculos el tercer punto anteriormente indicado. Un código que sigue unas determinadas reglas para ser válido y sólo puede sacarse probando sin parar, con complejos algoritmos matemáticos.

•**Mineros**: Los mineros son ordenadores/chips dedicados que aportan poder computacional a la red para verificar las transacciones que se llevan a cabo.

Cada vez que alguien completa un bloque recibe una recompensa en forma de bitcoins (o en la forma estipulada para cada blockchain en particular).

•**Nodos**: Un nodo es un ordenador/chip conectado a la red utilizando un software que almacena y distribuye una copia actualizada en tiempo real de la cadena de bloques. No tienen porqué ser mineros, simplemente son los usuarios.

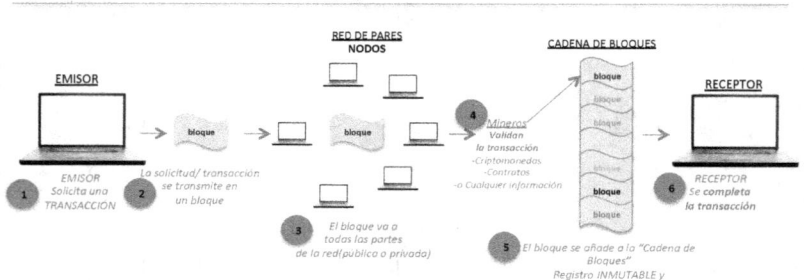

Esquema de funcionamiento de Blockchain (cadena de bloques)

La seguridad de "los bloques"

Block (bloques) Chain (cadena) —cadena de bloques— es un sistema de seguridad formado por bloques alojados en una base de datos compartida. ¿Seguridad y datos compartidos en una misma frase? Sí, es posible.

De hecho, esa es una de las claves de blockchain y uno de los quebraderos de cabeza para los ciberdelincuentes (hasta la fecha no han podido acceder ni dañar blockchain). Suena increíble pero gracias al concepto de consenso distribuido se puede crear un registro incorruptible de eventos pasados y presentes del mundo digital.

Y todo esto sin comprometer la privacidad de los usuarios. Esto explica por qué bitcoin y otros han venido utilizándose para llevar a cabo transacciones ilegales ya que, a pesar del acceso público y libre al "libro mayor", la privacidad de sus usuarios está garantizada si así se requiere.

Junto al nivel de seguridad que proporciona este sistema frente a hackeos, encontramos otra enorme ventaja: aunque la red se cayera, con que solo uno de esos ordenadores o nodos no lo hiciera, la información nunca se perdería o el servicio, según el caso del que hablemos, seguiría funcionando.

Su fortaleza residen en que la cadena de bloques está descentralizada, es decir, para "inyectar" un virus y robar información, habría que infectar, uno a uno, todos los ordenadores conectados a la base de datos. A esta base se accede a través de criptografía avanzada (jeroglíficos modernos que cifran la información en códigos).

Cuestiones más técnicas: Fundamentos de la compilación criptográfica de la Blockchain . *El lector no interesado puede saltar este epígrafe.*

A continuación se reseñan algunos elementos de la compilación criptográfica que permiten a la tecnología Blockchain afrecer sus propiedades.

Cada bloque perteneciente a la cadena de bloques contiene información referente a las transacciones relativas a un periodo (agrupadas en una estructura denominada Merkle Tree), la dirección criptográfica (apuntador hash) del bloque anterior y un número arbitrario único (nonce). Puede decirse que la Blockchain es una cadena de árboles Hash, formados por transacciones (bloques)

función hash criptográfica

La información contenida en cada bloque es registrada en forma de hash criptográfico. Esto va a permitir una fácil verificación. Bitcoin usa la función hash criptográfica SHA-256 lo que implica que sus apuntadores hash son de un tamaño fijo de 256 bit.

Una función hash es cualquier función que puede ser usada para mapear conjuntos de datos de un tamaño arbitrario y compilarlos como conjuntos de datos de tamaño fijo. Una función criptográfica hash es un algoritmo matemático que transforma cualquier bloque arbitrario de datos en una serie de nuevos caracteres con longitud fija. Independientemente de la longitud de los datos de entrada, la serie hash de salida tendrá siempre la misma longitud. Los valores generados por una función hash son llamados valores hash, códigos hash o simplemente hash.

función merkle tree

Las transacciones o conjuntos de datos se registran en cada bloque de la cadena de bloques en una estructura criptográfica de apuntadores hash llamada **árbol**

Merkle (o árbol Hash)

Esta estructura agrupa los bloque por pares y genera un hash por cada bloque de datos. Los nuevos hashes generados se vuelven a agrupar por pares y se genera un nuevo hash, que a su vez se agrupa con otro, y así sucesivamente hacia arriba del árbol hasta que queda un único bloque en la cúspide. Este bloque único se denomina raíz del árbol, o apuntador hash raíz (root hash) y se registra en la dirección del bloque actual (block hash) para reducir el espacio ocupado por cada bloque.

Permite que gran número ce datos separados puedan ser ligados a un único valor de hash, el "apuntador hash raíz" del árbol. Esto permite verificar de un modo seguro y eficiente los contenidos de grandes estructuras de datos. En la páctica normalmente el apuntador hash raíz va firmado para asegurar su integridad y que la verificación sea totalmente fiable.

Además, esta estructura de apuntadores hash permite revisar cualquiera de los puntos del árbol y verificar que los datos no han sido manipulados, ya que si alguien manipula algún bloque de datos en cualquier parte del arbol, hará que el apuntador hash que está un nivel más arriba no coincida. Se detectará cualquier intento de manipular cualquier pieza de datos con sólo registrar el apuntador hash en la parte superior.

nonce

El termino **nonce** es usado para referirse a un valor que solamente se puede usar una vez. Este número único es un número aleatorio generado por los mineros mediante **la Prueba de Trabajo (PoW)** que es la que autentifica el bloque actual y evita que la información sea reutilizada o cambiada (habría que realizar todo el trabajo de nuevo)

Blockchain y "Blockchain.info" no es lo mismo

Es una malinterpretación que suelen cometer aquellos que se inician en bitcoin.

Como hemos visto, la Blockchain o Cadena de Bloques es la poderosa tecnología que da vida a Bitcoin. Blockchain.info es un servicio que permite observar todo lo que está pasando en la red bitcoin, como gráficos actualizados en tiempo real que informan sobre el estado de la criptomoneda, las transacciones que están teniendo lugar o información detallada sobre cada operación y bloque minado.

3.3- ¿Por qué cada vez más entidades bancarias, y no bancarias, la usan?

Blockchain es una tecnología muy novedosa, hoy por hoy constituye el mejor certificador y validador de datos construido. Además, como hemos apuntado antes, la implantación de las cadenas de datos distribuidas reducen costes de gestión y pueden optimizar tiempos de procesos.

Con este argumentarlo… ¿Cómo no van a querer las empresas y organizaciones disponer de esta tecnología?

Inicialmente, la primera gran aplicación en revolucionar el ecosistema fue la de los **contratos inteligentes desarrollados en Ethereum**. Estas direcciones de blockchain programadas para actuar de forma automática e inteligente cuando se les transmite un comando están siendo utilizadas por sectores empresariales de todo tipo: el manufacturero, el energético, de transporte, financiero, lúdico, de entretenimiento, y hasta por desarrolladores de Internet de las Cosas.

Los Contratos inteligentes

Uno de sus mayores potenciales está en los llamados "smart contract" o contratos inteligentes, es decir, con la tecnología del blockchain se podrán hacer acuerdos y transacciones de forma fiable sin revelar información confidencial entre las dos partes y sin la necesidad de "árbitros", como por ejemplo :pagos a distribuidores, o el alquiler de un coche de forma online.

Veamos algunos ejemplos de "Contratos inteligentes":

- *Transferencia de bienes:* cualquier activo, digital o físico, se puede registrar en la cadena de bloques través de una clave única. Se puede usar blockchain como un sistema de inventariado de activos, gestión y seguimiento de estos. También se puede incluir un sistema de compraventa por el simple hecho de cambiar las claves o contraseñas que dan acceso a cualquier activo. La empresa Ubitquity fue la primera en realizar una transferencia de bienes inmuebles mediante el uso de la Blockchain de Bitcoin.

- **Herencias:** se puede automatizar en la cadena de bloques de forma que cuando el contrato asociado a las mismas certifique un fallecimiento, en base al acceso a un registro de personas fallecidas, la propiedad se transfiere a la dirección blockchain receptora de la misma.

- **Préstamos:** Se puede utilizar un "contrato inteligente" para la concesión de préstamos. Si se almacena la información de la operación del préstamo, con sus condiciones y las garantías pactadas en la cadena de bloques, a medida que se vayan realizando los pagos la situación del préstamo se va siguiendo automáticamente hasta su amortización total. Todos las posibles situaciones, incidencias y posibilidades de actuación también pueden suceder de forma automática basadas en la estructura del contrato inteligente.

- **Apuestas:** Dos partes envían una cantidad al contrato inteligente en función de un resultado de un evento. una vez ha sucedido el evento y su resultado, el contrato se encargará de transferir la cantidad correspondiente, en función de lo pactado, a la dirección, o direcciones, que hayan acertado en la predicción.

Algunas aplicaciones de Blockchain que ya podemos ver

Blockchain está todavía en sus inicios, lo que significa que todavía no se han descrito o descubierto aplicaciones que seguramente veremos aparecer en un futuro próximo.

Sin embargo, hay un cierto número de aplicaciones ya bien conocidas y que se están utilizando con éxito en distintas áreas de actividad:

- *Criptomonedas:* Como ya vimos en secciones anteriores, su función principal es, esencialmente, transferir valor, evitando que una unidad de criptomoneda se pueda gastar dos veces. Las transacciones se registran de forma inalterable y son verificadas, bajo elevados estándares de seguridad criptográfica, de forma descentralizada.

- *Transacciones y sistemas de pago:* La blockchain permite velocidad, seguridad, y la privacidad requerida a los usuarios para realizar transacciones. Muchas empresas, en su mayoría bancos e instituciones financieras usan plataformas, o construyen las propias, basadas en Blockchain para acelerar la velocidad y reducir los costos de los pagos internacionales e interbancarios.

- *Registro de documentos:* la blockchain constituye un gran registro de información. Muchas partes pueden acceder desde cualquier lugar del mundo. Y no sólo registra activos, sino virtualmente cualquier cosa. Ya se usa para registrar y verificar la autenticidad de toda clase de documentos: títulos universitarios, historiales médicos, documentos de propiedad, certificados de todo tipo, y hasta actas matrimoniales.

- *Cadena de suministro*: Es posible marcar casi cualquier cosa con una huella digital única que acompañará a un producto o componente a lo largo de todo su ciclo de vida, desde el principio. Gracias a esto, la Blockchain es perfecta para su uso en la compleja cadena de suministro. Wal-Mart, por ejemplo, está probando en fase avanzada un sistema basado en Blockchain para asegurar la inocuidad de los alimentos.

- *Entretenimiento*: Ya existen varios videojuegos construidos sobre una cadena de bloques . La interactividad y las recompensas se producen con gran velocidad y transparencia. Por ejemplo Spell of Genesis, un juego de cartas, o Takara, una aplicación que ofrece realidad aumentada.

- *Redes sociales*: Ya surgen redes sociales que ofrecen micropagos en criptomonedas a sus usuarios a cambio del contenido que suban. Todo se almacena de forma transparente, inalterable y pública en una blockchain. Por ejemplo Steemit.

- *Comercio*: Su uso en el comercio ofrece cada vez más aplicaciones. Se han construido plataformas de compra y venta electrónica como OpenBazaar y LBRY. En esta última los autores ponen el precio que desean a su trabajo creativo y cobran todas las ganancias sin intermediarios.

Las entidades financieras: Su situación ante Blockchain es muy especial.

Por un lado se ven obligados a comprender y jugar en el tablero Blockchain, porque la realidad es que casi cualquiera puede crear un banco virtual. Las startups financieras, las denominadas fintech, están creando ecosistemas financieros independientemente de los grandes bancos. Sin duda, el crecimiento de la competencia les anima a avanzar.

Pero por otro, tienen una regulación muy exigente que deben de cumplir, se han gastado mucho dinero en generar sistemas operativos que, efectivamente, funcionan, la experiencia les ha enseñado el valor de la prudencia en defensa de los intereses de sus clientes y accionistas. Las entidades financieras revisan con rigor los posibles riesgos que puede conllevar cualquier cambio.

Pero el sector financiero ha detectado claramente el potencial disruptor que esta tecnología tendrá en su industria. De hecho casi a diario hay nuevas inversiones en este sector, y en tan solo un mes este apartado podría quedarse desfasado en cuanto a las referencias.

De hecho, **BBVA** con Coinbase, **Bankinter** con Coinffeine y **Santander** son algunos ejemplos de gigantes de la banca española, que han apostado en forma de inversiones y dedicación de valiosos recursos de organización para entender mejor la tecnología blockchain y el papel que está jugando en el presente, y sobre todo el que jugará en el futuro.

Puede decirse, sin miedo a errar, que **todas las entidades financieras del planeta** tienen ya importantes proyectos e intereses que incorporan la tecnología blockchain, en diferentes formas. Por poner un ejemplo citaremos el caso de Suiza, con su potente sistema bancario, que principios de este año, comunicó que quería convertirse en una criptonación, y que tanto en el sector público del país, como en el privado se están desarrollando muchos proyectos con tecnología blockchain.

¿Cuál es el futuro del blockchain?

Los expertos comparan la llegada del blockchain con hitos como la integración de los ordenadores en el uso doméstico o el desarrollo de Internet, es decir, un sistema que cambiará nuestra forma de entender los negocios y la sociedad.

Grandes empresas de todos los sectores, desde Microsoft a muchas "startups" creadas solo para seguir dando pasos en esta tecnología, nos hace pensar que el futuro puede que esté a la vuelta de mañana.

Para la publicación norteamericana **Harvard Business Review,** este proceso llevará muchos años, ya que blockchain requiere de la creación de un nuevo modelo de mercado, pues la "cadena de bloques" no encaja en el actual modelo de negocio. Los acontecimientos que observamos día a día hacen pensar que la prestigiosa publicación se ha mostrado demasiado prudente.

Algunas predicciones publicadas por analistas como Gartner, y otros de las que me hago eco a continuación:

- El 20% de los sistemas globales de comercio/financiación utilizarán tecnologías Blockchain/libros de cuentas distribuidos (Informe de IDC 2017).

- El 5% de las entidades gubernamentales emplearán Blockchain para el mantenimiento de registros oficiales más transparentes (Informe de Gartner sobre Blockchain 2017)

- El 80% de las iniciativas empresariales de Blockchain no cumplirán sus promesas porque los casos de uso que tienen previstos no son adecuados para aprovechar esta tecnología (Informe de Gartner sobre Blockchain 2017)

La administración pública tendrá una baza incomparable con este sistema de criptografía. Cuestiones como la del voto electrónico que, a pesar de los intentos realizados con otras tecnologías, no ha resistido a los hackeos, ahora podría ser una opción viable para los votantes con la seguridad de que su identidad no será suplantada y la comodidad de no tener que desplazarse hasta el colegio electoral.

Actualmente son muchos los proyectos en los que se está investigando para implantar el blockchain como estructura que los respalden, así que pronto veremos si realmente se convierte en la tecnología del futuro.

Desde luego aún quedan muchos retos a los que hacer frente. La tecnología tiene visos de ser muy potente pero está en una fase muy temprana y cuenta con muchas barreras, tanto desde el plano tecnológico como operativo, o desde el punto de vista de la regulación.

4 UNA VISIÓN MÁS PANORÁMICA DEL MUNDO DE LAS "CRIPTOS"

Fácil, accesible y con todas las modalidades financieras. Gran oportunidad pero alto riesgo de pérdidas, fraudes y desprotección regulatoria... Sólo para muy expertos, de momento.

4.1- Criptomonedas como medio de pago

La creación de Bitcoin fue concebida para su uso como **medio de pago** alternativo al dinero y al resto de medios de pago existentes. Bitcoin permitió por primera vez en la historia la posibilidad de transferir valor entre personas distantes sin tener que confiar en intermediarios como bancos o gobiernos.

Recopilemos las características de las transacciones financieras online hechas con criptomonedas:

-No necesitan ser validadas por una entidad central. Esto implica que no hay cargos bancarios asociados con los pagos. Solo honorarios opcionales (de un 1% o menos) que aceleran a transacción. Además, reduciremos el tiempo que tenemos que esperar para recibir el pago.

-La criptomoneda es verdaderamente internacional. Ningún gobierno en particular las regula. Esto significa que tampoco hay comisiones por los pagos que atraviesan fronteras y la transacción funciona de la misma manera independientemente de dónde te encuentres.

-Por el momento, mientras no se universalice su

aceptación como medio de pago, la criptomoneda necesita ser cambiada por cualquier moneda gubernamental. Sin embargo, este proceso imita de cerca la forma en que se transfieren fondos de PayPal a tu cuenta corriente.

En el próximo capítulo de veremos cómo se opera para usar las criptodivisas, lo que es cada vez más sencillo.

Hoy en día, el bitcoin (y otros) es aceptada en miles, o cientos de miles, de comercios, tanto físicos como en internet, por todo el mundo. En países como Japón o Corea del Sur son la mayoría. Se puede consultar un mapa desde cualquier teléfono móvil con los comercios donde es posible pagar con criptomonedas, o extraer dinero en un cajero contra bitcoin y otras.

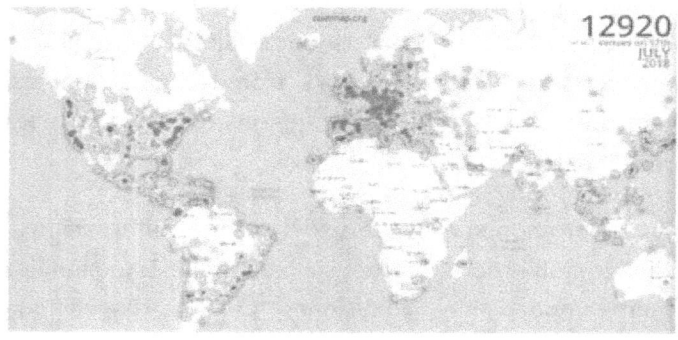

Como ya hemos visto, la genialidad de la solución

ideada por Satoshi Nakamoto contenía los fundamentos de lo que hoy conocemos como tecnología Blockchain con infinitas aplicaciones para la sociedad, las instituciones y los negocios. Pero el éxito del Bitcoin ha traído la aparición de otras criptomonedas semejantes y ha disparado el valor de casi todas ellas, especialmente la del propio Bitcoin, de forma tan extraordinaria que han pasado a ser un activo "financiero", un criptoactivo, dominado por las reglas de la especulación.

En sus inicios, el bitcoin ciertamente funcionó como un medio de pago eficaz para realizar compras de bienes digitales, servicios y productos físicos sin necesidad de intermediarios, pero en los últimos años, su función como método de pago ha sido relegada a un segundo plano para cederle paso a la especulación.

En los últimos meses, Bitcoin, como medio de pago, está siendo víctima de su propio éxito. La funcionalidad como medio de pago que tiene el bitcoin se ha visto mermada por las altas comisiones que conllevan las transacciones y por la congestión de la red, pero no todo está perdido para la capacidad de cambio de esta criptomoneda.

El precio del bitcoin y la congestión de la red también conllevan un problema en el costo de la comisión que se cobra por cada transacción. Cabe destacar que, entre el 2008 y 2017, el monto de estas comisiones no había superado el dólar por transacción y en diciembre de este mismo año, en algunas jornadas el costo promedio por transacción llegó a estar por encima de los 50 dólares por transferencia y en algunos casos la comisión representaba hasta 50% de la transacción.

El costo por transferencia, la capacidad de la red, la duración de las transacciones, la experiencia de los usuarios y la evolución de esta tecnología son aspectos que es necesario considerar al hablar de usar criptomonedas, ya sea para adquirir algún bien o para especular con su precio.

Es probable es que las personas comiencen a buscar otras criptomonedas distintas de la principal, el Bitcoin, como una manera de realizar pagos, tratando de esquivar la espiral especulativa del Bitcoin. De hecho varias de ellas van ganando su sitio en este sentido, como ya se ha comentado.

En cuanto a su aceptación en el comercio electrónico, el ranking de las 500 primeras tiendas en la red lo lideran **Amazon, Apple** y **Wal-Mart**. En estas tiendas no se permite el pago con esta moneda, y es precisamente en las compras de poco montante, que son las que se realizan en muchos casos en la red, las que llevan al desuso de eta moneda. La aceptación de Bitcoin como medio de pago por uno de estos gigantes sería, sin duda, un hito que dispararía el fenómeno bitcoin a otra escala a nivel mundial.

Pero, si bien la inmensa mayoría de los que tienen bitcoins y otras criptomonedas las mantienen en su cartera con fines puramente especulativos, lo cierto es que en las últimas semanas siguen surgiendo algunas grandes compañías que han decidido aceptarlas como método de pago.

Desde Microsoft hasta Fotocasa, pasando por KFC o Subway, e incluso PayPal, son varios grandes nombres que han decidido aceptar Bitcoin y otras como Ether, como medio de pago de sus productos en las últimas semanas. Quizá, de momento, lo hacen por motivos puramente publicitarios, de demostrar su alineamiento con las últimas tendencias digitales, ya que ninguna de ellas ha querido proporcionar el número de personas reales que ha hecho uso de esta posibilidad.

Saturación de la capacidad

El éxito de Bitcoin también ha traído problemas de capacidad, aunque se han ido solucionando. El aumento de demanda de operaciones supone mayor exigencia de tamaño y velocidad de procesamiento en los bloques de la Blockchain, y las mejoras que permiten "escalar" la red deben ser tomadas por consenso de los operadores más importantes, por definición.

La red de bitcoin requería de implementaciones constantes de escalabilidad que habían estado siendo discutidas y postergadas durante casi todo el 2017. Se rumoreó incluso que dichas discusiones llevarían a una fractura de la red de bitcoin a mediados de noviembre, cosa que no sucedió. Muchos exchanges, librerías y servicios de administración de cajeros automáticos de Bitcoin comenzaron a implementar la mejora llamada "SegWit" como la solución consensuada. Esto supuso un aumento de 1 a 2.1 Mb en el espacio de los bloques en los que se almacena la información y la consiguiente reducción de las comisiones que supuso su implementación. Surgió además otra criptomoneda, con bastante aceptación, con quienes eligieron otra solución, el "Bitcoin Cash" que se introdujo al replicar la red de bitcoin pero aumentando la capacidad de los bloques hasta 8 Mb.

Estas son algunas de las medidas que se han tomado para mejorar el desempeño de la red, y en el futuro se seguirá mejorando, sin duda. Ya existe "Lighting Network", una implementación creada por los equipos de investigación de la francesa ACINQ, la neozelandesa Lightning Labs y la australiana Blockstream, o "SCHNORR", que prometen ser la solución a los problemas de alto costo y retraso de la red bitcoin.

4.2- Criptomonedas como reserva de valor

Las criptomonedas tienen una multitud de usos, desde un medio de pago hasta la posibilidad de invertir o incluso hacer trading con ellas.

¿Por qué tienen valor los bitcoins?

En última instancia los Bitcoins tienen valor porque son

útiles como moneda. Tiene las características del dinero (durabilidad, portabilidad, fungibilidad, escasez, divisibilidad y reconocibilidad) basado en propiedades matemáticas en vez de confiar en propiedades físicas (como el oro y la plata) o confiar en autoridades centralistas (como las monedas fiduciarias). Abreviando, Bitcoin está respaldado por las matemáticas.

¿Qué determina el precio del bitcoin?

El precio del bitcoin se determina por la oferta y la demanda. Cuando se incrementa la demanda de bitcoin el precio sube, y cuando cae la demanda baja el precio. Hay un número limitado de bitcoins en circulación y los nuevos bitcoins son creados a una velocidad predecible y decreciente. Debido a que Bitcoin es todavía un mercado relativamente pequeño comparado con lo que podrá llegar a ser, no es necesaria una significativa cantidad de dinero para mover el precio del mercado arriba o abajo, es por eso que el precio del bitcoin es todavía muy volátil

El precio del bitcoin pasó de casi cero en sus inicios. Y en el transcurso del 2017 fue desde USD 1.000 por unidad a casi USD 20.000. Estamos viviendo una revalorización de las monedas más importantes muy fuerte, incluso algunos analistas tildan a estas monedas como "valor refugio" para diversificar nuestras inversiones ante una situación de elevada incertidumbre.

Nadie controla el precio o la emisión de bitcoin. Cuando se habla del precio se refiere a un promedio en los distintos "exchanges", casas de intercambio virtuales con sedes en distintas parte del mundo. Se determina en base a la oferta y la demanda.

Además, está preestablecida su cantidad máxima y por ende su escasez. El último bitcoin será minado en el año 2140, cuando habrán un poco menos de 21 millones en circulación.

Los vaivenes de la criptomoneda, añadidos al hecho de ser intangible, empuja a los escépticos a cuestionarse por su respaldo y apuntan rápidamente a una "burbuja".

Por otra parte, siguiendo el modelo de los mercados financieros tradicionales, han surgido operadores que ofrecen productos derivados con subyacentes "criptos". Además de los exchanges como centros de trading, también hay brókers que ofrecen productos financieros como los futuros de bitcoin, los fondos de inversión privados y los próximos a aparecer ETF de bitcoin y otros, los cuales ofrecen la posibilidad de invertir a favor o en contra de la criptomoneda y obtener ganancias en el corto plazo.

Tan sólo en un día de enero, el volumen de transacciones de bitcoin de todos los sitios de intercambio de criptomonedas alcanzó los 24.000 millones de dólares, mientras que la red bitcoin, en su punto más alto, el 11 de diciembre del 2017, apenas alcanzó 5.760 millones de dólares, lo que si bien supone un incremento de más de 2.000% contra un año antes, también hace evidente que los tradings superan por mucho el número de operaciones de comercio electrónico que se realizan con esta criptomoneda (sucede igual que con cualquier moneda FIAT, los mercados de derivados multiplican por muchos enteros las transacciones con respaldo comercial o de inversión directa).

4.3- El concepto de "token", ¿Qué es una ICO?

El concepto de "token"

En el mundo de las criptomonedas se ha venido usando la palabra "token" de un modo frecuente. Un 'token' (en inglés: ficha, como por ejemplo las que se utilizan en los casinos o los coches de choque. También podría traducirse como un "vale") en realidad no es otra cosa que un nuevo término para una unidad de valor emitida por una entidad privada.

La tecnología que hace posible los tokens, se fundamenta en Blockchain. Es más que una moneda, ya que tiene más usos. Además, casi todos los tokens se asientan sobre el protocolo blockchain de Ethereum, más completo, según los expertos, que la blockchain de bitcoin.

Un token puede representar una moneda, una propiedad, una acción, un activo financiero, puede ser cualquier cosa del mundo real. Ahora además incluyen información que hace referencia a su valor, su origen, su intercambio, etc.

¿Qué es una ICO?

Un ejemplo de estas llamadas "tokens" son las llamadas ICOs, o Initial Coin Offerings (Ofertas Iniciales de Moneda). Son una forma de financiación empresarial: en vez de una ronda de financiación tradicional, o incluso una OPV, la empresa ofrece al mercado no acciones sino 'tokens', y sus inversores pagan con monedas digitales, como 'bitcoin', o también con dinero normal. Todo, a través de blockchain. Y se está convirtiendo en un método de financiación que alcanza cifras importantes. Sólo en 2017, estas ICOs levantaron 4.000 millones de dólares, cinco veces más de lo que levantaron los Fondos de Capital Riesgo.

Una ICO es la forma en la que los fundadores de una nueva criptomoneda obtienen capital (en forma de ether o bitcoin) para su proyecto. A cambio emiten sus tokens. El proyecto puede estar destinado exclusivamente a su nueva criptomoneda o puede abarcar otras aplicaciones de blockchain. En definitiva una ICO es un método, novedoso, que permite obtener fondos para nuevos proyectos de quienes quieran participar en el proyecto, esas criptomonedas emitidas (tokens), se podrán negociar libremente.

Muchas de las más de 1.500 criptomonedas surgidas en los últimos meses son este tipo de tokens, es decir, son meras ICOs.

Atención: Riesgos. Los riesgos de invertir en estas ICOs son evidentes. La falta de transparencia es alarmantemente común a prácticamente todas ellas. las compañías que se lanzan a una ICO (y que de momento son recibidas con alborozo por el mercado) no se apoyan en las métricas financieras tradicionales (PER, ebitda, ingresos netos...), sino en una promesa futura.

El Banco de España y la CNMW han publicado recientemente un comunicado conjunto en el que alertan expresamente contra estos riesgos.

Aunque todos estos proyectos se ven como la próxima 'bitcoin' o Ethereum, de la misma forma que las startups más convencionales sueñan con ser el próximo Google o Facebook. muchas ICO parecen simples aplicaciones o soluciones tecnológicas. Tienen todavía que demostrar que detrás hay ingresos reales o modelos de negocios viables

Para evitar acabar enredacos en asuntos legales, se presentan como tokens preventa. En realidad la regulación es muy laxa o inexistente, por lo que se han detectado bastantes casos de fraude.

Además, al contrario de lo que ocurre con compañías que cotizan en bolsa, las nuevas criptomonedas no están probadas en el mercado y no confieren derechos de propiedad. Esto hace que la inversión sea puramente especulativa. Tales son las preocupaciones sobre los riesgos que entrañan estas ICOs que, desde Septiembre de 2017 el Banco Popular de China (organismo rector de la moneda en China) mantiene una prohibición sobre nuevas colocaciones de ICOs de criptodivisas.

En Estados Unidos, la SEC (Security Exchange Commision)ha advertido recientemente a los inversores sobre posibles fraudes y parece que se ha producido el robo de más de 200 millones en ICOs.

Recientemente se ha publicado por la Agencia de noticias Bloomberg un trabajo realizado por Boston College en el que se pone de manifiesto que el 56% de las nuevas empresas que recaudan capital a través de la venta de nuevos activos digitales (ICOs) terminan cerrando sus puertas transcurridos 4 meses tras la preventa respectiva. Esta tasa de pérdidas es terrible para cualquier inversor

4.4- Cómo obtener criptomonedas

Existen principalmente dos formas de obtener criptomonedas: comprar criptomonedas o minarlas. La primera opción es la más habitual y también la más accesible.

Minar criptomonedas

Comencemos por referirnos a la segunda forma de obtenerlas. Para minar criptomonedas deberás plantearte el unirte al grupo de personas que busca resolver los algoritmos matemáticos que te darán un fragmento de la moneda digital que estés minando.

La pregunta más repetida en este punto es cómo minar criptomonedas, qué hace falta para convertirte en minero virtual. Para empezar necesitarás una máquina, un ordenador. En teoría, cualquier ordenador sirve, pero en la realidad si quieres que tu actividad sea rentable debes tener una máquina especializada.

En sentido figurado, cuanto más valor tenga la moneda que quieres minar, más potencia necesitará la máquina, más electricidad consumirá y más ruido producirá. El motivo es que hay muchas más minando y si tu máquina no es potente o no cuentas con muchas máquinas, no te será rentable porque gastarás más energía en conseguirlo de lo que obtendrás por minar.

Comprar criptomonedas

Comprar una moneda virtual no es tan diferente a invertir en materias primas, por ejemplo. Lo que cambia es la plataforma a través de la que se hace.

Cada nuevo usuario debe elegir un **monedero** o cartera, que luego se instalara en su computadora o en su dispositivo móvil. Cada billetera posee una llave especial que es creada con algoritmos de criptografía que se usa para realizar firmas digitales y que verifican la identidad del monedero. Una vez hecho esto se origina una dirección de bitcoin, cabe destacar que pueden crearse cuantas se necesiten. Lo mismo para otras "criptos".

4.5- Los monederos de criptomonedas (wallets)

Para comprar criptodivisas en 2018 existen webs especializadas y con sus propios monederos (o "wallets") de criptomonedas, que es donde se guardan las monedas virtuales.

Estos **monederos** (aplicaciones) tienen distintas formas y se puede acceder a ellos mediante computadoras de mesa, puntos de acceso móvil ("smartpnones") y páginas de Internet. Su uso es muy sencillo e intuitivo, como sucede con otras tecnologías de uso masivo. Basta disponer de dinero (por ejemplo mediante una cuenta bancaria o tarjeta de crédito), identificarse (más o menos dependiendo de la web) y seguir unos intuitivos pasos para hacerse con un monedero y adquirir Bitcoins, Ethers, o cualquier otra "cripto". Solamente tendremos que indicar la cantidad en USD o EUR que queramos comprar de Bitcoins (BTC), Ethereum (ETH), Litecoins (LTC) u otras. Las criptomonedas quedarían almacenadas en el monedero y podríamos negociarlas cuando consideremos.

No es necesario comprar una unidad entera, ya sea para transacciones o a modo de inversión. Por ejemplo en el caso de Bitcoin se puede dividir hasta en ocho espacios después del punto decimal. Es decir que 0,00000001 es lo mínimo que puede manejarse.

Cada semana surgen nuevos monederos y nuevas webs que los proporcionan. Generalmente cada tipo de criptomoneda usa un monedero específico. Cada monedero contiene la clave de encriptación privada digital —los códigos secretos— para realizar operaciones con la criptomoneda de que se trate.

Atención: Riesgo. En este momento surge una alarma de riesgo que no hemos necesitado atender hasta ahora. Las "criptos", que funcionan sobre la tecnología Blockchain eran extraordinariamente seguras ante hackeos, lo que suponía una gran tranquilidad para sus poseedores y para todos los involucrados en una transacción. Pues bien, en el momento en que interviene el factor humano aparece una grieta de seguridad. Cada monedero presenta sus propios riesgos, pero el riesgo está en lo vulnerable que puede ser **el acceso** al monedero mediante la propia computadora o el dispositivo móvil.

No es fácil, pero los hackers pueden encontrar algún punto débil. La mayoría de los monederos dan instrucciones precisas para que se haga un uso de los mismos de un modo totalmente seguro (sobre todo en lo referido a la custodia de las claves secretas, doble seguridad para acceder, etc.). Además, un mal funcionamiento de un disco duro, o la pérdida del equipo móvil pueden suponer también un riesgo.

El acceso a los monederos se realiza mediante terceras partes: las webs proveedoras de monederos, y éstas pueden sufrir ataques informáticos. Por otra parte, estos proveedores de monederos pueden engañar a sus usuarios, o pueden caer en bancarrota.

Hay varios tipos de monederos, o carteras:

•**Carteras frías.** Es hardware o un dispositivo físico donde se guardan las monedas. Es algo parecido a un "pendrive". Es lo más seguro ante robos, pero también lo menos práctico a la hora de hacer transacciones.

•**Aplicaciones de Cartera.** Es un software que simula una cartera y a la que se accede tras descargar el programa e tu ordenador.

•**Carteras en línea.** Son las más extendidas. Se accede a ellas de forma online a través de internet, sin necesidad de descargar nada. Su principal ventaja es que son muy prácticas a la hora de hacer transacciones.

¿Qué monedero elegir?

Dependerá en primer lugar de la moneda virtual que quieras comprar, ya que no todos aceptan todas las divisas. A continuación se citan algunas plataformas en las que se puede abrir un monedero:

•**Coinbase** (monedero online). Coinbase ofrece monederos para Bitcoin, Ethereum, Bitcoin Cash y Litecoin.

•**Blockchain** (monedero online). Blockchain es una empresa europea (Luxemburgo). ofrece monederos para Bitcoin y Bitcoin Cash (quizá pronto Ethereum)

•**Otros muchos**: GDAX, Kraken, Bitstamp, Electrum, Bitfinex, Xapo, Exodus, Jaxx, y un largo etcétera, incluyendo un buen número de japoneses, y asiáticos, de gran actividad y que ofrecen sus servicios en idiomas occidentales incluido español.

4.6- Los "Exchange" o intermediarios/depositarios

Los **"Exchange" o Casas de cambio** podría decirse que son como "los bancos" de las criptomonedas y funcionan de forma muy similar a un broker. Es, sin duda, la manera más sencilla de comprar y vender criptodivisas.

Los exchanges son plataformas online donde uno puede intercambiar una criptomoneda por otra, o también por dinero normal (FIAT). En otras palabras, dependiendo del exchange, puede ser como una plataforma de acciones o como un exchange de divisas.

Son quienes dan liquidez a las criptodivisas y tokens pues operan comprando y vendiendo, formando un mercado global.

Existen distintos tipos de exchanges. No importa mucho el nombre que les demos ya que no es un estándar sino una forma de diferenciarlos. Vamos a verlos:

-Tradicionales: Estos exchanges son los que más se parecen a los exchanges tradicionales de acciones, donde una persona puede vender y comprar tokens (criptomonedas) según la cotización actual del mercado de la criptomoneda. Aquí los exchanges funcionan como intermediarios. Este tipo de plataformas suelen cobrar una comisión por el servicio.

Algunos de ellos solo operan con criptomonedas, mientras otros te permiten comprar con moneda fiduciaria y después se puede ya intercambiar entre "criptos". Ejemplos: GDAX , Kraken o Bitstamp.

-Brokers de criptomonedas: Estos son exchanges de tipo website parecidos a las casas de cambios que vemos en los aeropuertos. Permite a los clientes comprar y vender criptomonedas a un precio establecido por el exchange, por lo general un precio de mercado más una pequeña prima. Un ejemplo de esto sería Coinbase. También Shapeshift proporciona un servicio similar, te permite intercambiar un token por otro.

Esta es la solución más simple para los nuevos usuarios, por esta razón la comisión suele ser ligeramente mayor a la que podrías pagar en un exchange tradicional.

-Plataformas directas de negociación: Estas plataformas ofrecen intercambios punto a punto, directamente entre compradores y vendedores. Las plataformas como estas no suelen usar un precio fijado por el mercado. Los vendedores (cada cual) en este caso determinan la tasa de intercambio, y los compradores o bien encuentran un vendedor en la plataforma o realizan un llamado Intercambio Sobre el Mostrador (OTC por sus siglas en inglés), en donde determinan el precio al cual están dispuestos a comprar y así la plataforma une al comprador y vendedor.

Esta solución casi nunca es la mejor, pero puede ser la única solución en algunos lugares. En las regiones donde el comercio se limita a la negociación directa por ejemplo. Pero ante hay que asegurarse que se está utilizando una plataforma confiable y tratando con usuarios altamente calificados. Además, hay que verificar los precios de mercado en Coinmarketcap para asegurarse de no pagar de mas o vender muy barato.

La mayoría, por no decir todos, de los de los dos primeros tipos ofrecen servicios de monederos en una o varias criptomonedas (Carteras en línea). También hay monederos independientes. A veces la frontera entre un depositario (el que ofrece los monederos) y un intermediario (el que opera como bróker de las criptodivisas) no existe. Sólo algunos casos tradicionales son meros depositarios y utilizan un bróker, o varios, con quien mantienen una estrecha y habitual relación de confianza y a quien ceden la compra/venta. Estos casos suelen resultar bastante seguros, seleccionando un depositario fiable para tener el monedero, como **Coinbase** o **Blockchain**.

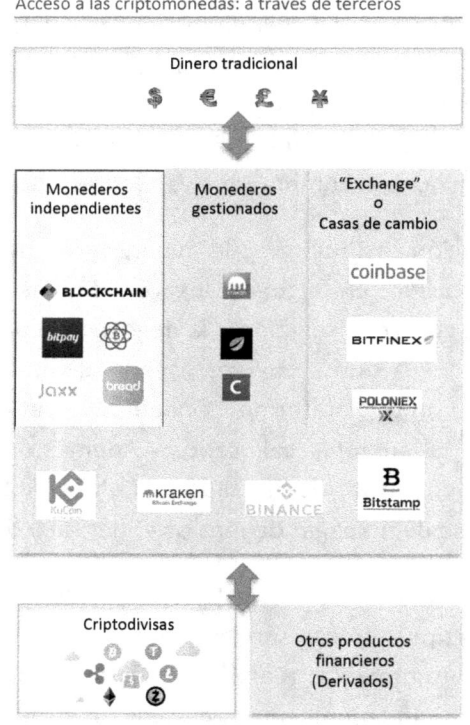

Acceso a las criptomonedas: a través de terceros

Cómo funcionan para el usuario

Todo funciona de forma sencilla e intuitiva (en algunos más que en otros) y a base de "clicks".

En la plataforma Exchange, el usuario genera órdenes de compra y venta de criptomonedas. Si, por ejemplo, se trata de una orden de compra, el usuario autoriza al exchange a disponer de una determinada cantidad de bitcoins, o de USD, o de Euros...de su saldo destinados a la compra de una determinada criptomoneda a un cierto valor. El exchange mantiene una "cola" de órdenes de compra de sus usuarios que se encuentran en estado de espera hasta que otros usuarios las acepten y se produzca el intercambio.

Las órdenes de venta siguen la misma lógica: En este caso un usuario pone una determinada suma de criptomonedas a disposición del exchange por una determinada suma establecida en bitcoin, o en USD, o en Euros... y esa suma queda en estado de espera hasta que aparezca el comprador.

Cuando una orden de compra y otra de venta coinciden en precio y cantidad, el intercambio se realiza de forma automática.

Para que el usuario pueda tomar decisiones tan informadas como sea posible, los Exchange pone a disposición de los usuarios gran cantidad de información del mercado de un modo accesible y muy visual (gráficos, cambios cruzados, evolución en diferentes espacios de tiempo, etc.).

Tipo de cambio (cotización)

Los diferentes exchanges tienen tipos de cambio diferentes. Las diferencias no son muy apreciables, pero existen, en algún caso pueden fluctuar hasta un 10%. Para cantidades importantes puede ser muy relevante.

Atención: Riesgo. Aquí surge otra alarma de riesgo. Son ya varios exchanges que han sufrido ataques de hackers y que han perdido millones, y hasta cientos de millones de dólares. En algún caso se han visto obligados a quebrar , dejando a miles de inversores sin su dinero (La bancarrota de MT GOX en 2014 en Estados Unidos todavía escuece). Los Exchange, debido a su gran exposición por su continuo trasiego de operaciones son objetivo deseado por hackers y estafadores. Se han dado casos en los que la estafa se comete por parte del propio Exchange.

La escasa regulación en esta materia hace doblemente difícil la persecución de este tipo de actividad ilegal, aunque hay ya numerosos procesos judiciales, sobre todo en algunos países como los U.S.A. La actividad de adaptación a este fenómeno de los Organismos reguladores de las principales países del mundo es frenética y las exigencias son cada vez más estrechas, en beneficio del inversor. Pero aún queda mucho por avanzar.

Es muy recomendable operar exclusivamente con

exchanges de reconocido prestigio (el exchange y sus dueños o accionistas), como algunos de los citados, incluso debe tenerse en cuenta su ubicación social y operativa en un país de garantía reguladora y legislativa (Estados Unidos, Unión europea y Japón o Corea del Sur).

Un magnífico negocio

Las operaciones no paran, y aunque puede que el segmento esté algo menos "inquieto" que a finales del año pasado —no ha habido grandes subidas o bajadas en las últimas semanas— lo cierto es que la compra, venta y transferencia de criptodivisas sigue siendo enorme.

Cada una de esas operaciones supone una comisión, y aunque esas comisiones también se han reducido en los últimos tiempos en casos concretos como el de bitcoin —operar con esta moneda virtual llegó a ser realmente caro a finales de 2017—, esas comisiones son las que permiten a estos intermediarios ganar muchísimo dinero. ¿Cuánto? Nadie lo sabe a ciencia cierta, pero los datos hablan de 'exchanges' que rondan los 3 millones de dólares de ingresos al día. Es el caso de Binance y Upbit, dos de los grandes protagonistas del sector. Eso hace que sus ingresos anuales ronden los 1.000 millones de dólares si esos ritmos se mantienen, algo asombroso para empresas tan jóvenes y con una estructura tan difusa.

Algunas dependen de grandes imperios de telecomunicaciones como sucede con Upbit, un exchange surcoreano que inició sus operaciones en octubre de 2017. Es de todos sabido que BBVA es quien controla Coinbase. Otras muchas no revelan quién las ha creado, de quién son propiedad o quién las gestiona, algo que podría cambiar en el futuro. No debe extrañarnos que "negocios convencionales" como bancos o fondos de inversión probablemente adquieran plataformas de criptodivisas –exchanges- para asegurarse de que tienen presencia en un mercado tan relevante.

4.7- Más productos financieros derivados: CFDs y otros

Como ya se comentó anteriormente los mercados financieros están adoptando las criptomonedas como referencia, dándoles la consideración de activos. Se está generando un extraordinario tráfico de operaciones financieras que multiplica en varios enteros el valor de lo que correspondería meramente a la inversión directa en criptomonedas y las transacciones en las que funcionan como medio de pago por un bien o servicio.

Dentro del los mercados de valores hay un tipo de activos financieros llamados "**derivados**" cuya principal cualidad es que su valor de cotización se basa en el precio de otro activo.

Puede haber gran cantidad de derivados financieros

dependiendo de "el índice valor" inicial del que se deriven, Ese "índice valor" o **"subyacente"** puede ser:

- Divisas
- Acciones
- Índices bursátiles
- Bonos públicos y de deuda privada
- Tipos de interés como el Euribor
- Materias primas, metales, etc.
- Y últimamente también criptomonedas.

Toda esta operativa ya existía en el mundo financiero. Tenía lugar con base en los activos subyacentes ya bien conocidos (divisas, acciones, índices bursátiles, bonos de deuda privada, tipos de interés como el Euribor , materias primas, metales, etc.). Sobre estos activos conocidos se diseñan los productos derivados y hay mercados financieros organizados extraordinariamente grandes y dinámicos. Además, gracias a las nuevas tecnologías de la información, hace ya unos años que estos productos financieros derivados se han puesto a disposición del público minorista.

Pues bien, las criptodivisas se ha añadido rápidamente a ese grupo de activos que pueden ser "subyacente" de productos derivados. Los propios "exchanges" actúan como centros de "trading". También los "brókers" tradicionales han añadido algunas criptodivisas a su menú. Y todos ofrecen productos financieros como CFDs, Opciones y futuros de bitcoin, y de otras "criptos". Esto permite invertir en criotomonedas sin llegar a poseerlas. Las criptomonedas son el activo subyacente. Ofrecen la posibilidad de invertir a favor o en contra de la criptomoneda y obtener ganancias –o pérdidas- en el corto plazo.

Entre los principales productos financieros citaremos a los más usuales: Los "CFD´s", Las "Opciones" y los "futuros".

"CFD" significa Contrato Financiero por Diferencias

El CFD sobre una criptomoneda permite a los inversores una exposición indirecta (también descrita como "sintética") a un producto subyacente o instrumento financiero, que en este caso es la criptomoneda de referencia. Cuando se opera a través de CFD, se está invirtiendo en torno a la expectativa de que el valor del mercado elegido vaya a subir o a bajar. Los precios se muestran en las divisas tradicionales y nunca se toma posesión de la propia criptomoneda. Estos contratos se liquidan por diferencias, es decir por la ganancia ó pérdida neta.

Es importante destacar que, operando en CFDs sobre criptomonedas, usted no ostentará la titularidad de la criptomoneda (es lo mismo que en los CFDs sobre cualquier otro activo subyacente, que existen desde hace tiempo).

El trading de CFD utiliza el apalancamiento, lo que le permite abrir una posición con solo una parte del valor total de la operación. En otras palabras, puede ganar gran exposición en un mercado financiero comprometiendo solo una cantidad de capital relativamente pequeña. Sin embargo, recuerde que, aunque esto puede amplificar sus ganancias, tendría el mismo efecto sobre sus pérdidas.

Esquema de operación de CFDs, con criptodivisas (TRADING)

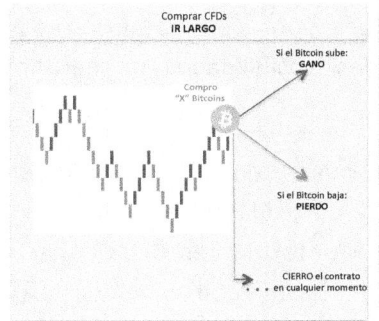
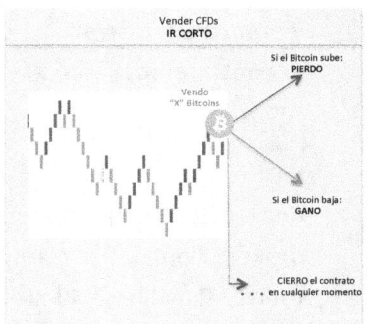

El trading financiero es una actividad que consiste en comprar y vender un valor subyacente en un mercado con el fin de conseguir un beneficio. Se puede hacer con acciones, divisas, materias primas, etc… Uno de los más conocidos es el mercado de divisas, o el mercado **FOREX**, donde compramos las divisas y siempre se hace de una respecto a otra, por ejemplo, del euro frente al dólar. Actualmente siempre se habla de pares de divisas

En cuanto a la forma de hacerlo puede variar en el tiempo. Por ejemplo, se puede hacer un trading en el mismo día, de modo que nuestras posiciones se abren y cierran en un día, o en unos minutos. También puede ser más largo, y nuestras posiciones podrían no cerrarse en semanas o incluso en meses.

El avance de las tecnologías ha hecho posible que, con tan solo unos ahorros y un ordenador cualquiera pueda convertirse en trader, pero cuidado, porque que sea de fácil acceso no quiere decir que invertir sea sencillo. Para jugar bien tus cartas es necesario esfuerzo, estudio y mucha disciplina, pues por el camino nos encontraremos con grandes posibilidades de perder todo.

En los últimos años se ha puesto de moda el trading financiero entre personas particulares. Han surgido brokers "online" a cientos. Todos ofrecen **CFDs** (y casi todos Opciones binarias). Basta con una cuenta bancaria y una computadora o un smatphone para comenzar a operar. Y naturalmente, la práctica totalidad de brokers ofrecen la posibilidad de operar con criptomonedas (pares de una criptomoneda con el USD, habitualmente), sobre todo con las "criptos" más importantes.

Atención: Riesgo. Se trata de un producto de altísimo riesgo y exclusivamente para expertos. Los inversores poco expertos (a menudo habiendo seguido algún curso y visto varios videos "magistrales", pierden todo su dinero en horas o días en un 95% de los casos. Este porcentaje procede de una impresión personal de quien escribe, ya que se trata de una situación difícilmente confesable por los afectados. Si añadimos la volatilidad añadida de las criptomonedas, además de que las comisiones suelen ser más elevadas, estamos ante una actividad que puede ser muy peligrosa para los intereses de los no expertos.

Los organismos reguladores de todo el mundo están tomando posiciones ante la gran avalancha de personas "no expertas" a estas actividades. Por ejemplo, la autoridad reguladora europea (ESMA) ha hecho entrar en vigor recientemente una normativa para los brokers muy restrictiva para con los "inversores minoristas". Esto ha hecho que los brokers rebajen sustancialmente los apalancamientos ofrecidos a sus clientes y , en general, han hecho mucho más estricto el poder operar. Sin embargo, no todos los brokers están localizados en un país UE, de hecho suelen localizarse en países de lo más pintoresco, obviamente para eludir los controles regulatorios.

En España, la Comisión Nacional del Mercado de Valores (CNMV) ha publicado advertencias claras sobre la comercialización de los CFDs sobre el hecho de que representan un muy elevado riesgo para los inversores. Además "la entidad que ofrezca estos productos debe estar autorizada por la CNMV para prestar servicios de inversión y cumplir al ofrecerlos todas las obligaciones de información y demás normas de conducta aplicables".

Es necesario repetir que, de operar en estos mercados (FOREX y además con criptomonedas), es muy importante elegir un bróker localizado en países con regulación seria : USA, Europa, Reino Unido, Australia, Japón...

Opciones y Futuros

Las opciones y los futuros son similares a los CFDs. También se han comenzado a comercializar sobre subyacentes "criptomonedas". No es el propósito de esta exposición el profundizar en el funcionamiento conceptual de estos instrumentos, que no es nada sencillo, sino poner en evidencia su existencia sobre diversas criptodivisas, su elevadísimo riesgo para el inversor no especializado y apuntar el hecho de que están al alcance de cualquier persona que acceda a una plataforma de un "exchange", o un "bróker" tradicional.

La mayoría de las opciones sobre futuros se liquidan por diferencias, como los CFDs (así es en el caso de las opciones sobre criptomonedas), pero también hay que se liquidan por entrega física.

No cabe duda de que estos productos derivados se van abriendo camino. La "Commodity Futures Trading Commission" (CFTC) ha anunciado mediante un comunicado su visto bueno al lanzamiento de futuros sobre el bitcoin en tres mercados: Chicago Mercantile Exchange, el mayor del mundo en derivados y en que ya operan estos futuros desde hace meses, CBOE Futures Exchange y el Cantor Exchange. Pero en España la comercialización activa de este tipo de productos en régimen de oferta pública (artículo 35 del texto refundido de la Ley del Mercado de Valores, TRLMV) por parte de profesionales entre inversores no cualificados (minoristas) podría ex gir un folleto aprobado por la CNMV, o por otra autoridad de la Unión Europea que haya sido objeto de "pasaporte".

Los fondos ETF

Desde algunas firmas consideran que la decisión de los reguladores estadounidenses, anteriormente citada, abre la puerta a la futura aprobación, y lanzamiento, de fondos cotizados (ETF) que repliquen la cotización del bitcoin.

Los ETF se conocen en español con el nombre Fondos Cotizados, aunque el térmiro ETF está muy extendido entre los castellanohablantes. Estos productos financieros se comercializaron por primera vez en los Estados Unidos, y gozan de gran fama allí. Las siglas ETF corresponden e Exchange Trade Fund, término anglosajón. Un ETF es una cesta de valores que cotiza en un mercado. Generalmente son productos formados por acciones de diferentes sectores, lo que te permite diversificar a través de un solo producto de inversión.

Un ETF es un instrumento de inversión cuya característica principal es que se puede comprar y vender con la misma facilidad y cuantas veces se quiera o se necesite a lo largo del día. Se conoce en todo momento cuál es el precio del ETF. Representa a la cesta de valores que lo componen, por lo que siempre se sabe qué valores forman parte del ETF y cual es su cotización.

Ya existen varios fondos ETFs que se basan en una cesta de criptomonedas y tokens de nuevas ICOs en el mercado. NO hace falta decir que todas las precauciones comentadas para las criptodivisa y tokens son apropiadas para estos fondos ETF.

En España hay que remitirse al comunicado de la Comisión Nacional del Mercado de Valores (CNMV) : "Hasta este momento no hay ningún fondo de estas características registrado en la CNMV y los fondos que legalmente podrían, de ser autorizados, invertir en "criptomonedas", con carácter general no se pueden comercializar entre inversores minoristas".

5 LAS CRIPTOMONEDAS VS. EL DINERO TRADICIONAL (FIAT)

Legalmente No son dinero. Pero presentan ventajas a favor de su adopción.
Hay incertidumbre y resistencias, pero sobre todo importantísimos riesgos para el inversor

5.1- ¿Pueden las criptomonedas sustituir al efectivo?

En primer lugar hay que señalar que esta pregunta no tiene una sola respuesta. No todo el efectivo es igual. Vamos a entender que hablaremos de efectivo de las divisas fuertes (USD, Euro, Yen, Libra, AUD, etc.), porque las divisas débiles emitidas por países en situación delicada tienen un valor cuestionable, o prácticamente ninguno, y lo mismo se puede decir de su efectivo. En estos últimos casos las criptomonedas ya han sustituido al efectivo de alguna manera, siendo para muchos habitantes de esos países como una tabla de salvación para acceder a bienes y servicios que estaban fuera de su alcance con sus monedas tradicionales.

Hablar de que las criptodivisas sustituyan al efectivo es como decir que su aceptación es plena y universal. Hoy por hoy esto está lejos de suceder, evidentemente. ¿Pero cómo de lejos? ¿Será posible?

No es imposible, pero es poco probable que pase en el corto plazo. Hay varias razones por las que se necesita tiempo, entre ellas:

•Las criptomonedas **aún no son aceptadas en todo el mundo**, afectando tanto a individuos como a empresas.

•**Son demasiado volátiles**: los proveedores tendrían que revisar sus precios todos los días para ajustarse a las fluctuaciones de su valor.

•Una moneda virtual **supondría una completa revisión** de la actual infraestructura económica.

•Se tendría que **planear una transición**, para prevenir la redundancia de las divisas tradicionales y la pérdida de activos. Aunque los grandes cambios disruptivos suelen abrirse camino sin esperar demasiado a las convenciones sobre transiciones.

Las criptomonedas pueden ser consideradas como una alternativa a las divisas tradicionales, pero en realidad fueron concebidas como una solución de pago completamente convencional.

En estos momentos, bastantes tiendas, físicas y en la web, aceptan criptomonedas por todo el mundo como forma de pago. En un capítulo anterior ya se habló de la cuestión de la aceptación de las "criptos" como medio de pago.

Aunque es cierto que su validez como método de pago es fundamental para su valor, las criptomonedas tienen algunos **paralelismos** con las **materias primas , o el oro**, que las hacen diferentes al dinero tradicional. Aunque esto no tendría por qué ser un freno a su aceptación masiva, Así, como sucede con el oro o las materias primas:

-El valor de una criptomoneda no está vinculado exclusivamente al comportamiento de una economía concreta.

-Los cambios en los tipos de interés y el aumento en las reservas monetarias solo tienen un efecto indirecto en su valor.

-El valor de las criptomonedas depende del compromiso de la gran mayoría de los usuarios por mantener su precio al convertirlas a divisas tradicionales

Divisas Tradicionales	Criptodivisas
• Físicas (y digitales)	• 100% digitales
• Emitidas por gobiernos	• Creadas a través e "minería"
• La oferta la controlan los Bancos centrales	• La oferta se establece por el protocolo, la tecnología de minado y la actividad de los mineros
• La mayor parte se inyecta en el sistema económico de forma indirecta (bonos y otros títulos)	• Se introducen directamente en el mercado de criptodivisas
• Experimentan gran sensibilidad ante tasas de inflación y tipos de interés	• Reciben poca influencia de la política monetaria de los gobiernos

5.2- Ventajas e inconvenientes

Pero ¿por qué deberíamos pensar en que las criptomonedas van a seguir avanzando hasta poder convertirse en un medio de pago generalmente aceptado? ¿Tienen algo que aportar a la sociedad?. Veamos a continuación algunas de sus <u>ventajas</u>:

•Son **más difíciles de falsificar** que las divisas que usamos como el Euro o el Dólar.

•**No** pueden ser **manipulados** como las divisas tradicionales, debido al registro de acceso público.

•**Seguridad**: el sistema criptográfico de la moneda es muy seguro, mucho más que los que utiliza tradicionalmente el sistema financiero.

•**Funcionalidad global**. Las criptomonedas son divisas globales, mucho menos susceptibles a la economía o políticas de un país concreto. Todo el mundo puede acceder a ellas y pueden transferirse instantáneamente a cualquier persona en cualquier lugar del mundo.

•**Sin** intermediarios (como por ejemplo las transferencias bancarias, o las tarjetas de crédito), **los costes son menores y se reducen los obstáculos en transacciones internacionales.**

•**Transparencia**. Todas las transacciones se registran en un libro compartido y se operan sobre un mecanismo que asegura que al receptor solo le llegue la información que necesita del emisor (no todos sus datos).

•**Sistema de código abierto** como el Bitcoin, lo que permite crear mejoras.

•Se prestan a una **renta básica universal**, aunque esto es cuestionable.

Pero, lejos de ser algo perfecto, como suele suceder con todos los cambios, necesitan superar importantes inconvenientes. Las principales desventajas a día de hoy son las siguientes:

•Aunque a día de hoy ya existen establecimientos que aceptan los pagos con bitcoin, **está muy lejos aún de un uso en masa**.

•Desde su creación ha soportado una **gran volatilidad**.

•**No existe ningún organismo regulador que la respalde**, y eso crea desconfianza hacia la moneda. La falta de regulación y su desarrollo al margen de la actuación de los organismos de supervisión financiera se presenta por los defensores de las monedas virtuales como una ventaja. En realidad, la ausencia de normas supone la desprotección de los usuarios honestos que intentan realizar operaciones lícitas.

•**La actividad especulativa y prácticas fraudulentas**. Los fraudes están siendo frecuentes en las casas de cambio y otros ámbitos. Los nuevos inversores y ahorradores atraídos por las altas rentabilidades son vulnerables a las burbujas financieras y los engaños de todo tipo.

•**Su opacidad** y anonimato para determinado tipo de transacciones las convierten en el medio idóneo para las transacciones ilícitas, drogas, armas, terrorismo, trata de seres humanos, pornografía e incluso los ciberataques, cuyas extorsiones últimamente se exigen en criptomonedas.

5.3- Atención a los riesgos más relevantes de las "criptos"

Las criptodivisas están aquí. Nadie puede prever su evolución futura, pero ya hoy mueven cantidades de dinero muy considerables para ser usadas como medios de pago, pero mucho más como activo financiero, o activo subyacente en derivados financieros con un enfoque claramente especulador. En el capítulo anterior ya pasamos lista a la multitud de productos financieros que ya han surgido en torno a las criptomonedas. Cientos de miles de inversores de toda condición acuden a esta nueva forma de colocar su dinero, y otros tantos están a punto de hacerlo con toda probabilidad.

La cuestión está captando la atención de los gobiernos y organismos reguladores, a marchas forzadas, en todo el planeta puesto que es una evidencia que el fenómeno de las criptomonedas presenta importantísimos riesgos para estos inversores. La especulación es siempre arriesgada pero cuando se desconoce casi todo sobre aquello a lo que se destina el dinero lo es mucho más. Muchos han ganado dinero rápidamente, pero muchos más han sufrido grandes perjuicios.

En el capítulo anterior señalamos ya algunos riesgos específicos, muy importantes, que presentaban las distintas modalidades de inversión basadas en criptomonedas. Para completar lo ya dicho, a continuación se reseñan los principales riesgos que presentan las criptomonedas y todo lo relacionado con ellas:

•**Riesgos operacionales**. Existen múltiples formas de adquirir, administrar y gestionar bitcoins, como se vio en el anterior capítulo. Los errores y la exposición al fraude son elevados por el propio diseño de la moneda virtual y su falta de respaldo institucional. Errores en los protocolos que detienen los servicios de las casas de cambios (exchanges) y fraudes cometidos o sufridos por estas que las han declarado en quiebra son ejemplos no muy diferentes de los problemas que aparecen operando con el dinero físico, pero que se agravan al no existir un marco de protección adecuado del usuario o del inversor.

•**Riesgo de mercado**. En su relativa corta vida el bitcoin ha sufrido elevadas volatilidades en su cotización que lo equiparan a activos de altísimo riesgo. La volatilidad puede conllevar tanto riesgos como oportunidades: las grandes fluctuaciones de los precios pueden traer pérdidas de cientos de dólares durante la noche

•**Riesgo de Pérdidas**. No hay una manera perfecta de protegerse frente al error humano, el fallo técnico o el fraude. Y no hay ningún sistema implantado para compensarle por sus pérdidas

•**La aceptación no es universal**. Las criptomonedas tienen el valor que se les quiera dar: a pesar de su creciente popularidad, aún hay dudas sobre su futuro a largo plazo.

•**Cambios regulatorios.** Las criptomonedas están exentas de regulación por ahora, pero si se introducen nuevos mecanismos, muchas de sus ventajas sobre las divisas tradicionales pueden verse revertidas. La incertidumbre sobre la regulación que en cada país adoptará, sus diferencias transfronterizas y su evolución debilitan a la criptomoneda como medio de pago y como depósito de valor.

•**Resistencia de la banca tradicional.** Algunos grandes bancos tradicionales han declarado, sin ambages, su preocupación por el fenómeno de las criptomonedas (por ejemplo Bank of América o J.P. Morgan).

Consideran que las criptomonedas constituyen un verdadero **riesgo de negocio** para la entidad. Señalan que las criptomonedas podrían limitar su capacidad de rastrear el movimiento de fondos, dificultando el cumplimiento de la regulación en ámbitos sensibles como el lavado de dinero y reconocen que podrían **eliminar la necesidad de la intermediación** provista por este tipo de instituciones en el intercambio de fondos entre clientes.

Argumentan también que los clientes podrían apostar por instituciones que empiecen a inmiscuirse en las inversiones criptográficas, lo que podría dejarles fuera del juego, especialmente por la **regulación** de los estados donde operan, que deben cumplir a cabalidad.

Todas las instituciones avanzan proyectos de blockchain, pero valoran con **cautela** la influencia de las criptomonedas en su negocio.

•**Riesgo tecnológico o de estándar dominante**. Las monedas virtuales son absolutamente dependientes de la tecnología y tienen por delante importantes retos a solventar antes de convertirse en un medio universalmente aceptado. La obsolescencia y la aparición de nuevos emisores privados o de monedas virtuales **"oficiales" emitidas por los propios bancos centrales** pueden afectar de manera significativa su valor.

Es preocupante el impulso especulativo que ha tomado este fenómeno en los últimos meses, o años. Además, con las tecnologías de la información y la comunicación, todo es muy fácilmente accesible para cualquiera. La exposición a estos importantísimos riesgos de un considerable número de personas, por todo el mundo, es una cuestión fundamental para el fenómeno de las criptomonedas y para la sociedad en general.

5.4- La postura de los principales Bancos Centrales y autoridades regulatorias

Definitivamente, **durante 2017 el sistema financiero ha cambiado su opinión sobre las criptomonedas.** La observación y pasividad de los bancos centrales se ha tornado en nerviosismo y alarma cuando han apreciado un uso creciente como medio de pago y como activo financiero.

No existe consenso sobre el tratamiento jurídico que debería tener su uso en los diferentes mercados. Además la velocidad de adopción es diferente en unos países y en otros, lo que hace que el marco regulatorio sea bastante dispar. Países como Japón o Corea del Sur van a la cabeza mundial en lo referente a criptomonedas, y eso hace que sus sistemas regulatorios vayan algunos pasos por delante. Los Estados Unidos también están avanzando en el área regulatoria, como no puede ser de otra manera por la relevancia de su mercado financiero y a la vista de numerosos casos de fraude en fechas recientes.

El Banco Internacional de Pagos de Basilea (BIS) acaba de publicar, en su informe trimestral, un artículo en el que cuestiona si **los bancos centrales deberían emitir sus propias criptomonedas.** Empiezan a aparecer las primeras normativas fiscales y de antiblanqueo de capitales, fondos de inversión y hasta derivados financieros cuyo subyacente son monedas virtuales. Los gobiernos se comienzan a alinear a favor o en contra de este nuevo tipo de dinero. Existen gobiernos que supuestamente están usándolo para eludir bloqueos económicos internacionales y compañía privadas que lo utilizan para eludir el control de sus gobiernos.

El Fondo Monetario Internacional (FMI) todavía no ha fijado una posición oficial sobre el ecosistema financiero global de las criptomonedas. Se ha expresado a través de unas recientes declaraciones de su primera autoridad, Christine Lagarde, sobre los criptoactivos. Su más reciente opinión fue que es cuestión de tiempo para que sean regulados a nivel global. Según dijo, los movimientos regulatorios en países como China o Estados Unidos no son casos aislados, sino que se trata de una tendencia que se hará global, especialmente por la influencia que han cobrado los criptoactivos, y la potencial repercusión que pueden tener en el sistema financiero global: "Es claramente un dominio donde necesitamos regulación internacional y supervisión adecuada"

Recientemente el presidente del **Banco Central Europeo (BCE),** Mario Draghi, dijo que aunque las criptodivisas no están los suficientemente maduras y estables como para poder regularlas en los mecanismos financieros internacionales y ser miembros del sistema monetario internacional; sí que apostó por el impulso, crecimiento y protección de gobiernos y agencias internacionales con el fin de estabilizar, dar confianza y ser un elemento que, en un futuro próximo, pueda desarrollarse.

El caso de Corea del Sur es de rabiosa actualidad ya que, por primera vez en la historia, el gobierno de ese país ha reconocido oficialmente a los intercambios de criptomonedas (los "exchanges") como **instituciones financieras y bancos digitales regulados.** Las autoridades coreanas llevan años trabajando en el asunto y eso ha dado lugar a que este sector haya sido reconocido como "Cryptocurrency Exchange and Brokerage" ("Intercambios y corretajes de criptodivisas"), lo cual permite que las plataformas de negociación digital funcionen a gran capacidad con el apoyo de las autoridades locales.

A corto plazo, el marco regulatorio recientemente creado para los intercambios puede tener un impacto negativo tanto en las plataformas de operaciones como en los inversionistas, ya que significa que se producirán **políticas más estrictas de "Conozca a su Cliente", Anti-Lavado de Dinero y de verificación de clientes.** Sin embargo, a largo plazo, la decisión del gobierno de legitimar el sector de las monedas digitales podría llevar a grandes inversores institucionales y comerciantes minoristas a entrar en el mercado criptográfico, lo que permitirá que los activos digitales sean considerados como una clase de activos emergentes a una escala cada vez mayor.

La Unión Europea, a través de su organismo regulador en la materia, la ESMA, también ha endurecido recientemente sus exigencias en áreas como "Conozca a su Cliente", Anti-Lavado de Dinero y verificación de clientes, lo que está siendo implantado por las casas de cambio, brokers y demás protagonistas en los mercados con celeridad. Pero no faltan entidades relacionadas con productos financieros en general, y con las criptomonedas en particular, que operan desde países "pintorescos", a pesar de lo cual están accesibles a cualquier ciudadano a través de la red de redes (internet)

Todas las autoridades públicas mundiales, como la el Comité de Estabilidad Financiera (FSB) o la Organización Internacional de Comisiones de Valores (IOSCO) están estudiando estas cuestiones, pero, a Julio de 2018, todavía no se puede decir que exista un marco regulatorio de referencia claro y global.

El pasado mes de febrero el **Banco de España y la Comisión Nacional del Mercado de Valores (CNMV)** emitieron un comunicado conjunto en el que ya alertaba de la posibilidad de fraude y usos ilícitos con la operativa en criptomonedas.

Advierten textualmente:

1-Ninguna emisión de "criptomoneda" ni ninguna ICO ha sido registrada, autorizada o verificada por ningún organismo supervisor en España. Esto implica que no existen "criptomonedas" ni "tokens" emitidos en ICOs cuya adquisición o tenencia en España pueda beneficiarse de ninguna de las garantías o protecciones previstas en la normativa relativa a productos bancarios o de inversión.

2-En el caso de las ICOs, la información que se pone a

disposición de los inversores no suele estar auditada y, con frecuencia, resulta incompleta. Generalmente, enfatiza los beneficios potenciales, minimizando las referencias a los riesgos. Además, el lenguaje utilizado suele tener un carácter muy técnico y, en ocasiones, poco claro, por lo que no es fácil conocer la entidad y naturaleza de los riesgos que se asumirían con la inversión y ésta puede resultar inapropiada para las necesidades y perfiles de riesgo de los clientes .

3-"En este tipo de inversiones existe un alto riesgo de pérdida o fraude".

Tanto el **Banco de España** como la **Comisión Nacional del Mercado de Valores** se han pronunciado en varias ocasiones sobre los elevados riesgos que implican los nuevo productos financieros basados en criptomonedas (CFDs, ICOs y otros derivados, ETFs, etc.). En el capítulo anterior se han reseñado algunas de estas cautelas de los citados Organismos reguladores y supervisores, que además están en línea con el organismo europeo (ESMA). A falta de ir concretando posturas reguladores y legislativas, las advertencias sobre los riesgos de estas modalidades de inversión son abundantes.

Algunos bancos centrales mantienen posturas claramente contrarias a los riesgos potenciales de estas inversiones, como el **banco central de Dinamarca** que ha comparado la inversión en bitcoins con las apuestas en juegos de azar, antes de dejar claro que sus inversores, en ningún caso, podrán culpar a los reguladores de las posibles pérdidas sufridas.

Las autoridades están tomando postura frente al actual panorama de los criptoactivos, que "van ganando atractivo entre el inversor minorista". Cabe esperar que en breve se adopten cada vez más salvaguardas en lo relativo a este fenómeno.

A nivel internacional podemos encontrar todo tipo de posturas oficiales sobre las criptomonedas. Por ejemplo en el caso de **Brasil**, el jefe del Banco Central de Brasil tomó una dura postura hacia Bitcoin en octubre de 2017, comparando la criptomoneda con un esquema piramidal.

En el caso de **China**, uno de los mayores mercados para las criptomonedas, el 3 de diciembre de 2013 el banco central de China, y otros cuatro ministerios y comisiones del gobierno, emitieron conjuntamente el Aviso sobre precauciones contra los riesgos de Bitcoin". Al definirlo como un "producto virtual especial" el Aviso decía que, por naturaleza, el Bitcoin no es una moneda y no debería circular y usarse en el mercado como moneda.

6 EVOLUCIÓN DE LOS MERCADOS DE LAS "CRIPTOS"

Han proliferado "como setas", pero difícilmente sobrevivirán todas. Habrá ganadores y perdedores.

6.1- Proliferación

Según coinmarketcap.com, hay más de 1.500 monedas digitales, siendo Bitcoin la que tiene una mayor capitalización de mercado - 200.000 millones de dólares. Por su parte, las capitalizaciones de mercado de Ethereum (ETH/USD), Ripple (BITFINEX: XRP/USD.BITFINEX), Bitcoin Cash (Bitcoin.Cash) y Litecoin (LTC/USD) van desde los 85.000 millones hasta los 12.000 millones de dólares. Las siguientes 20 criptomonedas poseen una capitalización superior a los 1.000 millones de dólares y las siguientes 115 de más de 100 millones de dólares. Aproximadamente la mitad de las monedas digitales restantes poseen una capitalización inferior al millón de dólares.

Aunque poseer una mayor capitalización de mercado no significa necesariamente que una moneda digital en particular vaya a tener éxito, sí que ayuda a darle una mayor credibilidad al proyecto.

Solo cuando baja la marea sabemos quién nada desnudo. Este aforismo del multimillonario inversor Warren Buffet le viene al pelo a Bitcoin, porque en el mercado de las criptomonedas la marea está a punto de bajar.

¿Cuántas de las más de 1.500 monedas virtuales que existen actualmente desaparecerán? Casi todas, con gran probabilidad.

Algunos expertos vaticinan que, que en un plazo de 12 meses, se desplomará el 90% de estas divisas virtuales que se sustentan en la tecnología blockchain. Serán "muy pocas compañías" las que sobrevivan.

Es improbable que la mayor parte de las monedas digitales sobreviva en su forma actual, y los inversores deben prepararse para que las monedas pierdan todo su valor en tanto que se verán reemplazadas por una pequeña cantidad de futuros competidores.

Tras protagonizar una escalada espectacular en el último tramo de 2017, las criptodivisas se ha visto golpeadas por una serie de desplomes que han generado notables pérdidas. Algunas de las principales, como Bitcoin, Ethereum o Ripple han visto esfumarse más de la mitad de su valor en los primeros meses de 2018.

Este descalabro, no obstante, apenas representa un pequeño traspiés en una espectacular marcha ascendente. No en vano, pese a los recortes recientes, Ethereum acumula revalorizaciones próximas al 600% en el último año, Bitcoin suma más de un 300% en el mismo periodo y las ganancias de Ripple superan el 86%.

A muchos les recuerda lo que fue la "burbuja de las

puntocom" para internet. Cree que estamos a punto de ver con blockchain y las criptomonedas la debacle que ya vivió el mercado con muchos de los negocios sin futuro al calor de la red de finales de los 90. "¿Alguna de las criptomonedas actuales va a ser **un Amazon** o **un Google**, o terminarán como muchos de los buscadores ya desaparecidos? El solo hecho de que estemos en una burbuja especulativa no significa que los precios actuales no puedan aumentar en el caso de un pequeño grupo de sobrevivientes.

La debacle masiva del mercado será fundamental para atajar la exageración de las monedas digitales. Todo parece indicar que los inversores institucionales van a entrar al mercado. Es posible que, tras "este invierno criptográfico", la dinámica de crecimiento volverá a ser "sin precedentes". Eso sí, la alegría será solo "para unos pocos".

Las criptomonedas que sobrevivan serán, probablemente, más fuertes y rentables. Bitcoin, que sigue siendo la más grande por capitalización bursátil, y la menos volátil, lleva más de nueve años de existencia, no es la única que puede perdurar. También Ethereum a la que muchos expertos apuntan como una de las monedas virtuales con más posibilidades de sobrevivir.

Sean unas u otras, son pocos los expertos que niegan que varias de las criptomonedas que existen actualmente puedan ver su fin próximamente, pero también son escasos los que niegan el futuro a este revolucionario concepto.

También es posible que en el futuro de este mercado sobrevivan unas pocas monedas base sobre las que se construirán otras miles, que serán muy de nicho (por ejemplo, la criptodivisa propia de un área geográfica, o de una cadena de gasolineras ... y que incluso podrían estar respaldadas por activos reales).

Por otra parte, el alza meteórica del bitcoin a casi 20 mil dólares el año pasado impulsó a hordas de nuevos mineros a ingresar al sector: todos, desde individuos con una sola máquina conectada a la pared de su dormitorio a empresas con granjas de servidores gigantes que reciben energía de represas hidroeléctricas. Con los precios en la estratosfera, las recompensas denominadas en esa criptomoneda que los mineros recibieron por verificar transacciones cubrieron con creces el costo de la electricidad y la potencia de computadoras. Pero la economía es mucho menos convincente ahora que los precios han caído y la dificultad de minar bitcoins ha aumentado. Los ingresos diarios de la industria se desplomaron a 16 millones de dólares en estas fechas, desde un récord de 53 millones de dólares el 17 de diciembre, según Blockchain.info. En estos momentos la compra equipos de minería ahora, ya no es tan rentable.

6.2- Evolución del valor

El precio del bitcoin se ha mantenido relativamente estable durante las últimas dos semanas. Además de contar con la mayor capitalización del mercado, el bitcoin también procesa una mayor cantidad de operaciones diarias. Su precio se ha movido entre los 6.500 $ y los 9.500 $ durante las últimas semanas. Aunque todavía se trata de un rango bastante amplio, es mejor que la caída desde los 20.000 $ de diciembre pasado hasta los 6.000 $ de principios de febrero. La criptomoneda tendrá que ser muy estable para que sea ampliamente aceptada, pero este puede ser un buen comienzo.

Pero el valor de la criptomoneda también es una función de su demanda, y en este momento eso parece inestable a medida que preocupaciones sobre regulaciones más estrictas en todo el mundo hace que los inversionistas se dirijan a la puerta de salida.

No quiero decir con esto que tenga idea alguna de si el precio va a subir o bajar más, solamente intento trasmitir que un inversor en este "criptomundo" debe saber a qué se expone. El riesgo, medido claramente por una volatilidad anual media superior al 100%, es claro e invertir aquí no es cosa de juegos. Hay que saber a qué se apuesta, cómo se hace, dónde se debe realizar esa inversión, qué se espera del protocolo subyacente y, por supuesto, estar preparado para poder perder todo lo invertido.

6.3- fraudes

Las criptomonedas han revolucionado la forma en que el mundo mira las transacciones, pero también han facilitado algunas estafas monumentales en los últimos nueve años. Mientras que las mentes más inteligentes han creado algunas compañías que cambian el juego respaldadas por el poder de Blockchain y las criptomonedas, las mentes nefastas también han subido al carro, despojando a inversionistas involuntarios en estafas elaboradas.

La fiebre de las ICO genera fraudes masivos

Desde el inicio de Bitcoin en el 2009, la gente se ha enamorado cada vez más con la idea de la tecnología Blockchain. Esto condujo al desarrollo de Ethereum y otras monedas virtuales, y el primero fue en parte responsable del auge de las ofertas iniciales de monedas (ICO) en el 2017.

Citaremos, como ejemplo, seis grandes estafas de ICO:

•Pincoin y iFan

La estafa de ICO a gran escala más reciente acaparó los titulares en abril. Se cree que dos ICO, administradas por la misma compañía que opera desde Vietnam, estafaron a alrededor de 660 millones de dólares. La compañía en cuestión, Modern Tech, desapareció recientemente de sus oficinas en Ho Chi Minh. Se cree que es la estafa más grande en la historia de las ICO, hasta ahora. Ambas ICO se han clasificado como estafas de marketing multinivel.

•OneCoin

OneCoin ha sido objeto de una serie de investigaciones en los últimos 18 meses. Oficialmente etiquetada como un "esquema ponzi " o piramidal, en la India en julio del 2017, fue multado con 2,5 millones de euros por las autoridades italianas dos meses después.

•Cointelegraph

OneCoin ni siquiera opera una criptomoneda descentralizada legítima. Además, no tiene un libro público y sus oficinas búlgaras tuvieron redadas en enero con servidores incautados por las autoridades a medida que continúan las investigaciones internacionales y los casos judiciales en contra de la compañía. Los escándalos en países de todo el mundo resumieron el hecho de que OneCoin es una estafa masiva.

•Bitconnect

Durante mucho tiempo acusado de ser un esquema Ponzi, Bitconnect suspendió sus operaciones en enero de 2018 tras una orden de cese y desista de dos reguladores financieros estadounidenses. Los usuarios intercambiaron Bitcoin por Bitconnect Coin (BCC) en la plataforma Bitconnect, lanzada en enero del 2017, y se les prometieron beneficios astronómicos en sus inversiones. Además, la compañía administraba un programa de préstamos, donde los usuarios prestaban BCC a otros usuarios para generar interés en función de la cantidad de BCC que habían prestado en la plataforma. También hubo un sistema típico de referencia de esquemas ponzi.

•Plexcoin

Esta ICO en particular fue cortada de raíz en diciembre del 2017 después de ser etiquetada como un típico esquema ponzi de retorno de la inversión. Plexcorp prometía a los inversionistas más del 300 por ciento de retorno de la inversión por mes antes de que la Comisión de Bolsa y Valores de los Estados Unidos (SEC, por sus siglas en inglés) ordenara a la compañía que detuviera sus operaciones. Se recaudaron más de $15 millones durante la ICO de Plexcoin. Afortunadamente, todos los fondos fueron congelados por la SEC y el fundador Dominic Lacroix fue encarcelado.

•Centratech

Después de haber recibido el respaldo del boxeador superestrella Floyd Mayweather y el DJ Khaled, Centratech fue puesta en el centro de atención por su supuesto servicio de tarjeta de débito Visa y MasterCard que permitiría a los usuarios convertir criptomonedas en dinero fiduciario. Desde entonces, dos de los fundadores han sido arrestados por cargos de fraude relacionados con la ICO, que recaudó alrededor de $32 millones.

Sería injusto suponer que las ICO están todas cortadas del mismo patrón. Sin lugar a dudas, hay delincuentes que buscan aprovechar el despliegue de una nueva tecnología. Sin embargo, también hay promotores que realizan un excelente trabajo y son algunas de las mentes más brillantes en la industria TI. Desafortunadamente la desregulación y la escasez de información asequible en esta clase de operaciones hace extremadamente difíci operar con criterio, lo que supone un riesgo extraordinario para el inversor no experto, en ocasiones incluso para el experto.

7 ELEMENTOS DE CARÁCTER LEGAL Y FISCAL DE LAS "CRIPTOS"

No son dinero, ni activos financieros, pero si que tributan. La obligación de declarar es del contribuyente. Se esperan ajustes regulatorios en todos los países

7.1- Desprotección del inversor

Descentralización, democratización de las inversiones, independencia del sistema bancario tradicional, ausencia de supervisión/respaldo de los bancos centrales, privacidad, etc. configuran un medio de pago atractivo y novedoso que atrae a ciudadanos descontentos con los sistemas oficiales. Otros inversores simplemente buscan rentabilidad.

Casi la mitad de las ICOs de 2017 han fracasado, y un buen número de las que aún sobreviven tienen sus días contados. En 2018 la cosa va por el mismo camino. Las ICOs fraudulentas eran buena parte de ellas de ellas. Esos fondos han desaparecido para siempre.

La SEC americana ha ordenado ya la fiscalización de hasta 100 fondos de inversión, la mayoría de cobertura, vinculados con estas divisas virtuales. Además ha prohibido, por el momento, la negociación de fondos o ETS relacionados con bitcoins.

¿Están los inversores totalmente desprotegidos ante esta realidad?. La respuesta es que, en efecto, **la desprotección del inversor es alarmante**, al menos en estos momentos.

En anteriores secciones hemos visto que las autoridades regulatorias de todo el planeta están emitiendo numerosas advertencias y comunicados de cautela ante los importantísimos riesgos que suponen estos productos financieros basados en criptomonedas que han proliferado espectacularmente en los últimos meses. Pero esos avisos o recomendaciones no constituyen una protección suficiente frente a las consecuencias que puedan derivarse de esos riesgos.

Existen diversas iniciativas para regular las monedas digitales en diferentes países y de forma global, pero por el momento solamente son iniciativas. La realidad va mucho más deprisa y la brecha de desprotección para el inversor es evidente.

La autoridad bancaria europea (EBA) ha manifestado claramente que no existen actualmente protecciones específicas en la regulación de la Unión Europea que protejan a los consumidores de las pérdidas financieras en caso de que una plataforma que intercambia o posee divisas virtuales quiebre o se retire del negocio. Y esta situación es igual, o peor, en otros mercados del planeta.

En este sentido, la EBA advierte de que los 'monederos digitales' que contienen las divisas virtuales de los consumidores almacenadas en ordenadores, tabletas o 'smartphones' no son "impermeables a los piratas informáticos". De hecho, apunta que han existido casos de consumidores que han perdido cantidades significativas de monedas virtuales con pocas esperanzas de recuperarlas. Además, agrega que al utilizar la moneda virtual para transacciones comerciales, los consumidores no están protegidos por los derechos de devolución previstos en la legislación comunitaria.

La EBA también advierte a los consumidores de que deben ser conscientes de que el uso de monedas virtuales puede tener implicaciones fiscales, por lo que deben asegurarse de que tienen debidamente en cuenta los impuestos que se aplican en su país cuando se utilizan estas divisas.

7.2- Cuestiones fiscales

Las criptomonedas, en general, no se consideran dinero ni producto financiero, pero son objeto de gravamen fiscal. De nuevo estamos en una zona gris en el sentido de que las Agencias Tributarias de cas todos los países están estudiando qué regulación fiscal específica debe ponerse en marcha, si es que alguna, referente a todo el fenómeno de las criptomonedas.

Ante la escasez de regulación especifica, la situación actual puede resumirse como sigue:

Tributación de los rendimientos

Aunque puedan parecer un producto financiero, fiscalmente las criptomonedas tienen la consideración de **activo intangible** para la mayoría de los países. Es decir, el mismo concepto que comprar o vender un dominio web, los derechos de explotación de una finca o el traspaso de un negocio.

Como tal, en el momento que se intercambia este activo por otro al realizar la compra o venta de un producto o servicio, nos encontramos ante una "permuta comercial". Cada vez que se realiza una permuta se compara el valor de la criptomoneda al ser adquirida, con el valor a la hora de ser utilizada como medio de pago y se registra la pérdida o la **ganancia de capital asociada**. Será esta pérdida o esta ganancia la que tributará en el impuesto de la renta o en el impuesto de sociedades, según corresponda.

Si nos circunscribimos únicamente a las que se utilizan como medio de pago como el Bitcoin, el problema que se está planteando es que ahora mismo tienen un valor especulativo muy grande que dificulta su tratamiento tanto contable como fiscal.

Impuesto sobre el valor añadido: IVA

No existe legislación específica, pero en general la mera adquisición de criptomonedas está exenta de IVA. Esto, en cambio no exime del pago del IVA asociado a la compraventa de bienes y servicios utilizando la criptomoneda como medio de pago (por ejemplo si compramos Bitcoin, no pagamos IVA, pero si compramos un terminal móvil con Bitcoin, pagaremos el IVA del terminal móvil).

En 2015, la Corte de Justicia de la Unión Europea, emitió un fallo sobre los impuestos al valor agregado (en inglés VAT, en español IVA). En él, para justificar su decisión, el Tribunal señaló "las denominadas monedas virtuales (criptomonedas como Bitcoin) se consideran iguales a los medios legales de pago, siempre que estas monedas virtuales hayan sido aceptadas como medios de pago alternativos y contractuales por las partes implicadas en la transacción y no tengan otro propósito que el de ser utilizadas como medio de pago". Sin duda, este fallo fue un precedente en la Unión Europea, en cuanto al gravamen de las criptomonedas.

Algunas referencias internacionales relevantes

En **Estados Unidos**, la Agencia Federal considera que el Bitcoin debe tratarse como propiedad. Si te retribuyen con moneda virtual, ej. Minería, se gravará en el impuesto de la renta el ingreso a valor razonable en el momento de la recepción. Si se invierte en criptomonedas, la plusvalía tributará como ganancia de capital, ya sea a corto o a largo plazo" señala su estudio haciendo referencia a EEUU.

En **China** deben registrarse también las ganancias de capital producto de la minería y las actividades cambiarias".

En **Reino Unido** las transacciones de criptomonedas están expresamente exentas de IVA en el país pues el Gobierno Británico revocó su impuesto sobre el IVA contra Bitcoin en 2014.

En otros países como Vietnam o Islandia las consideran directamente ilegales.

Información de las transacciones a disposición del fisco

Al no ser una moneda ni un producto financiero, los sitios de intercambio como Coinbase no están sujetos a la legislación que afecta a los bancos. Esto hace que cuando se opera en este tipo de páginas web, éstas "no están obligadas a entregar nuestras operaciones a la administración pública", como sí deben hacer otras entidades. Al menos de momento, porque parece que algunos países importantes están a punto de cambiar esta situación.

Dependiendo de la cantidad no declarada, un contribuyente podría incurrir en un delito de evasión fiscal. De hecho, desde la **Comisión Europea** se está intentando sacar adelante una normativa que obligue a los intermediarios a que notifiquen el inicio de actividad por parte de los usuarios, con el fin de que estén sujetos a la normativa para evitar el blanqueo de capitales y la financiación terrorista.

En Estados Unidos esto también está empezando a

cambiar: un juez ha dictaminado que la petición de información por parte de la agencia tributaria del país sobre las actividades de los usuarios no es excesivamente intrusiva.

De momento, en España no hay (que sepamos) sentencia en este sentido, por lo que, de compartir esta información con Hacienda, los intercambiadores de monedas "estarían rompiendo un secreto profesional y se les podría penalizar por ello".

Ni aunque Hacienda española o la Agencia Tributaria pidiesen a estos intermediarios información sobre tus actividades en criptomonedas podrían facilitarlo. **"Los bitcoin no están considerados dinero (según el Banco Central Europeo), ni divisa tradicional, ni efectivo.** Los intercambiadores de monedas (Exchange) no están regulados por la normativa bancaria ni financiera según el Banco de España".

Es decir, que Hacienda no sabe si tienes criptomonedas, como tampoco si guardas dinero debajo del colchón. Pero, si no se han declarado a Hacienda, hay que ser consciente de que más antes que después, el Fisco va a tomar medidas en el asunto.

Los contribuyentes están obligados a declarar fiscalmente sus operaciones con bitcoins, tanto si ganan como si pierden con ellas, igual que se declara la compra y venta de una casa.

En puridad, se debería declarar cada compraventa. Con

las normas de IRPF español en la mano, cada operación que alguien haga de una criptomoneda a otra tendría que tributar como una permuta de activos intangibles. Según la ley, si compras bitcoins y de ahí compras Ethereum sin traspasar a euros, las ganancias o pérdidas que te genere esa acción las tienes que declarar.

¿Declarar cada operación?. El problema estriba en si eres de los que llega a hacer operaciones de trading. Hablamos de miles de operaciones, muchas de ellas casi automáticas.

Hacienda es flexible en este sentido. Ahora mismo la ganancia patrimonial es muy alta y el fisco se beneficia de facilitar todo lo posible que se declare, por lo que la Agencia Tributaria está siguiendo un criterio flexible en esta materia.

Para evitar que los usuarios tengan que notificar todas y cada una de las operaciones que realizan con criptomonedas, se está estudiando la posible aplicación de una especie de canon digital a los intermediarios de criptomonedas. Habrá que esperar.

Periodo de incertidumbre regulatoria fiscal

La Hacienda española, de forma similar a lo que sucede en otros países, no sabe (o más bien no contesta), aunque lo lógico es pensar que a estas alturas tiene claro qué se debe hacer. Pero lo cierto es que aún no lo ha hecho oficial. Es más, nadie en la Agencia Tributaria ni los propios inspectores de Hacienda dicen tener una política clara ni una idea concisa sobre qué hacer si se tienen criptomonedas. Sin embargo los expertos fiscalistas creen que no falta mucho tiempo para que el fisco dicte sentencia y diga cómo, cuándo, dónde y por qué conceptos deben declararse los bitcoins.

Este tiempo puede estar llegando a su fin pues, por ejemplo las fortunas que algunos de estos primeros inversores están acumulando y que quieren recoger para disfrutar de ellas empezarían a no dejar margen para titubeos.

La obligación de declarar es del contribuyente, y teniendo en cuenta la revalorización que ha experimentado el bitcoin, hay muchos inversores que se están planteando recoger sus beneficios. Pensemos en alguien que comprara 1.000 € en bitcoins en el año 2011 y que los vende hoy. Esa persona tendría que meter en el banco casi cinco millones de euros.

¿Blanqueo de capitales?

De hecho, algunos bancos están incluso llegando a suspender o cerrar las cuentas de algunos clientes, con el fin de prevenir el blanqueo de capitales. Hacienda marca las reglas, pero el brazo ejecutor es el banco.

Como hemos visto antes, las entidades que trabajan con criptomonedas no están sujetas a las leyes financieras y, por tanto, tampoco tienen que vigilar operaciones de posible blanqueo de capitales y fraude. Esto provoca que los departamentos estatales que vigilan estos asuntos estén vigilando las criptomonedas, aunque por escrito tampoco declaren nada. Esta situación no parece que vaya a durar mucho tiempo.

Impuesto sobre el Patrimonio (en España)

Otro efecto, quizá no previsto, de los bitcoins: el impuesto de patrimonio, que grava la mera tenencia de bienes y que tiene un mínimo exento: 700.000 euros sin contar los 200.000 primeros de la vivienda.

Si a 31 de diciembre tienes más de 700.000 euros debes declarar estas criptomonedas. Hay gente que se ha podido encontrar con varios millones de euros por una inversión de pocos miles.

Mineria de criptodivisas

Otro aspecto, que está más regulado de lo que parece, hace referencia a aquellos que hayan minado bitcoins, u otras. Si has hecho esta actividad debes estudiar bien tu situación, pues se puede entender que has generado una actividad económica y el tipo de impuesto por el que lo tienes que declarar también es diferente

8 PERSPECTIVAS DE FUTURO

La Blockchain es la gran revolución, las criptodivisas no son una mera anormalidad, pero hay que esperar...

8.1- La cadena de Bloques (Blockchain)

Hace unos meses una empresa estadounidense al borde del fracaso decidió cambiar su nombre: era **Long Island Iced Tea Crop** y lo cambió por **Long Blockchain Corp**. El resultado fue que, **en pocas horas**, su cotización en bolsa **se disparó un 289%.**

Al parecer, todo lo que se asocie a la famosa criptomoneda Bitcoin cotiza alto. Y no es que Blockchain simplemente se asocie a Bitcoin, sino que **Blockchain soporta a Bitcoin**; lo posibilita, como hemos visto en secciones anteriores. Y aunque por ahora la fama se la esté llevando la criptomoneda... las tornas podrían cambiar pronto.

Porque aún no le ha llegado el momento, porque la gente no lo acaba de entender o porque puede amenazar los intereses de ciertos sectores de la sociedad, o simplemente aún no se han hecho evidentes los cambios de paradigma que van apareciendo.

Pero el cambio ya ha comenzado. Muchos opinamos que lo que Blockchain está urdiendo en la sombra es una **auténtica revolución.**

Más allá de los usos relacionados con las criptomonedas, durante los últimos años se han ido descubriendo potenciales destinos de la tecnología detrás del blockchain. Sectores como la energía, las finanzas, las telecomunicaciones y otros muchos han comenzado a adoptar esta tecnología para innumerables áreas de mejora. Cada día surgen nuevas posibilidades y aplicaciones en un gran número de actividades.

Esta tecnología, como vimos en secciones anteriores, permite encapsular datos, y más que meros datos, y hacer mucho más trazables todos los procesos. Alcanza a prácticamente todas las industrias e instituciones. Más control, menos costes, "tiempo real", trazabilidad, verificación, etc. son algunas de las capacidades que puede aportar la Blockchain. Los llamados "contratos inteligentes" , fundamentalmente sobre la blockchain de Ethereum, están revolucionando casi todos los ámbitos de la sociedad, las instituciones o los negocios.

Todo esto permite, por ejemplo, incrementar el control en la gestión del dinero de lo público, o incluso removerá los cimientos de profesiones como la de notario. Estos y otros intermediarios no desaparecerán, pero sí evolucionarán.

Solamente se está comenzando a introducir, por lo que nadie imagina todavía cual es la verdadera naturaleza de la transformación que traerá en todas la áreas de la actividad humana, ni cual es su límite.

8.2- Las criptomonedas y el resto de "tokens" (ICOs)

¿Acaso será cierto que los bitcoins están formando una burbuja gigante que al final producirá solo dolor? Algunos piensan que así es.

A pesar de que el dólar moderno es una moneda "FIAT", puesto que no se respalda mediante ningún otro activo, como por ejemplo el oro, su valor está garantizado porque el gobierno de Estados Unidos lo acepta, e incluso lo exige, para el pago de impuestos. Una economía tan poderosa y dinámica cuenta con una capacidad de recaudación de impuestos impresionante. Su poder de compra también es estable gracias a las medidas de la Reserva Federal, que reduce el dinero en circulación cuando se eleva demasiado la inflación, o inyecta más si quiere evitar la deflación. Además, por supuesto, un billete de 100 dólares representa cien veces el valor de ese dólar tan estable.

Pero, aún siendo cierto todo lo anterior, el valor del dólar debe ser aceptado por los millones de usuarios en última instancia. Muchos de estos usuarios no comprenden las razones que respaldan al dólar, o al euro. Simplemente aceptan el "curso legal" y confían en que las cosas están bien como de costumbre. "Si me aceptan los dólares para adquirir los bienes que deseo, las cosas van bien".

Por el contrario, un bitcoin no tiene ningún valor intrínseco. Pero tiene un generador de valor que es el que está detrás de todas las divisas en ultima instancia: La aceptación por los usuarios como medio de pago y una poderosa demanda de las unidades en circulación. No es una convención desde la cúspide hacia el resto. Es justo al revés, pero es una convención.

Parece un planteamiento muy sencillo, justo como muchas de las grandes ideas disruptivas en la historia de la humanidad.

El Bitcoin, y las demás "criptos" tiene defensores y también muchos detractores. Y a estos últimos no les falta razón en muchos de sus argumentos en contra de las "cripto". Pero también tiene algunas virtudes muy concretas en términos de seguridad, agilidad, globalidad y accesibilidad (hay 4.000 millones de personas en el planeta que no tienen acceso al sistema financiero, o lo tienen de una forma raquítica). Tiene importantes amenazas, como vimos en secciones anteriores, de diversa índole: tecnológicas, de opacidad ante movimientos criminales (también el dinero en efectivo), regulatorias, etc. Y para colmo cuenta con poderosas resistencias, fundamentalmente los Bancos Centrales, que podrían terminar creando sus propias criptodivisas, y parte importante del poderoso sector financiero, que ve amenazado su negocio de intermediación y su intervención en las transacciones en general.

Pero también es una oportunidad para el sistema financiero, las instituciones y muchos negocios en el mundo físico y en la web. Y fundamentalmente, por encima de todo, están los usuarios. Si millones, o miles de millones de personas lo adoptan, entonces estaremos ante algo imparable.

En cuanto al resto de "tokens", las ICOs que, aunque se presentan como divisas, son básicamente levantadores de fondos para proyectos empresariales, todo parece indicar que deben llegar cambios con rapidez. Cambios regulatorios y legislativos que permitan poner orden, transparencia y fiabilidad en estos productos. Debe ser algo comparable a los mercados actuales de acciones de sociedades en todo el mundo.

Si no se avanza con rapidez en este campo, situando los niveles de fraude y riesgo para el inversor en unos niveles razonables, todo este fenómeno podría colapsar. En general el ambiente especulativo tendrá que bajar el nivel, con el soporte de las medidas citadas y con la digestión del fenómeno por parte de los usuarios. De no ser así podría peligrar incluso la iniciativa primigenia de crear un método de pago alternativo: el propio Bitcoin. La volatilidad, los valores extremadamente variables, incluso si son al alza, no favorecen a la circulación del Bitcoin como moneda o criptomoneda y, en consecuencia, no favorecen a una progresiva aceptación (hasta que sea masiva), y esto último es el factor de éxito del bitcoin más importante, más bien es el factor último de éxito (o el primero, si se quiere).

Nadie puede predecir el futuro, y hay suficientes pros y contras como para no dudar de lo complejo que sería en este caso. Lo que sí parece muy probable es que, de tener éxito este fenómeno de criptodivisas, no será igual para todas ellas. Seguramente habrá unos pocos ganadores y muchos perdedores, tal y como ya comentamos en apartados anteriores.

Si tuviese que dar un consejo, sólo puedo decir que, aunque el futuro pueda ser brillante, hoy por hoy el mundo de las criptodivisas comporta demasiados riesgos y amenazas. Y las "criptos" no tienen todavía la garantía de una divisa FIAT respaldada por una gran economía como Estados Unidos, la UE y otras. Desde el punto de vista de los productos financieros en critodivisas debería ser un terreno solamente para muy expertos. Los ahorradores minoristas, las personas particulares, que no son expertos en la materia deberían permanecer totalmente al margen de estas cuestiones, o pueden afrontar situaciones dolorosas con gran facilidad.

Una persona normal debería limitarse, si es partidaria de los avances tecnológicos y el asunto de las monedas virtuales le parece una idea con grandes virtudes, a manejarse con criptodivisas en el plano de compras de bienes y servicios. Es ya muy común que las personas dispongan de un monedero (de Bitcoins por ejemplo) y hagan uso de el, a veces de forma habitual. Excelente, pero cuidado con la peligrosa tentación de entrar en la especulación.

Habrá que esperar, pero quizá no mucho.

*****

FIN